Dagmar Schreiner

Kennzahlen, Branchen und architektonische Gestaltung deutscher Flughäfen

Mit Fokus auf Einzelhandel und Gastronomie

Diplomica® Verlag GmbH

Schreiner, Dagmar: Kennzahlen, Branchen und architektonische Gestaltung deutscher Flughäfen: Mit Fokus auf Einzelhandel und Gastronomie, Hamburg, Diplomica Verlag GmbH 2012

ISBN: 978-3-8428-8695-7
Druck: Diplomica® Verlag GmbH, Hamburg, 2012
Covermotiv: © dell – Fotolia.com

Bibliografische Information der Deutschen Nationalbibliothek:
Die Deutsche Nationalbibliothek verzeichnet diese Publikation in der Deutschen Nationalbibliografie; detaillierte bibliografische Daten sind im Internet über http://dnb.d-nb.de abrufbar.

Die digitale Ausgabe (eBook-Ausgabe) dieses Titels trägt die ISBN 978-3-8428-3695-2 und kann über den Handel oder den Verlag bezogen werden.

Inhaltsverzeichnis

Abbildungsverzeichnis

Tabellenverzeichnis

Abkürzungsverzeichnis

ACI	Airports Council International
ADV	Arbeitsgemeinschaft Deutscher Verkehrsflughäfen
BauGB	Baugesetzbuch
BER	Flughafen Berlin-Brandenburg
BIP	Bruttoinlandsprodukt
BMVBS	Bundesministerium für Verkehr, Bau und Stadtentwicklung
BRE	Flughafen Bremen
CGN	Flughafen Köln/Bonn
DFS	Deutsche Flugsicherung
DLR	Deutsches Institut für Luft- und Raumfahrt
DRS	Flughafen Dresden
DUS	Flughafen Düsseldorf
EK	Eigenkapital
ERF	Flughafen Erfurt
FAA	Federal Aviation Authority
FK	Fremdkapital
FMG	Flughafen München GmbH
FMO	Flughafen Münster/Osnabrück
FRA	Flughafen Frankfurt
GDP	Gross Domestic Product
HAJ	Flughafen Hannover
HAM	Flughafen Hamburg
ICAO	International Civil Aviation Organization
LCC	Low-Cost-Carrier
LEJ	Flughafen Leipzig/Halle
LEP	Landesentwicklungsplan

LuftVZO	Luftverkehrszulassungsordnung
LuftVG	Luftverkehrsgesetz
MCT	Minimum Connecting Time
MUC	Flughafen München
NUE	Flughafen Nürnberg
ÖPNV	Öffentlicher Personen Nahverkehr
RPK	Revenue Passenger Kilometer
SCN	Flughafen Saarbrücken
STR	Flughafen Stuttgart
SXF	Flughafen Berlin-Schönefeld
TXL	Flughafen Berlin-Tegel
UEC	Urbain Entertainment Center

1 Der Wandel der Flughäfen

Der erste dokumentierte Motorflug der Geschichte wurde 1903 von den Gebrüdern Wright in den Dünen von Kitty Hawk absolviert (Santin 2000, S.1). Die planmäßige Verkehrsfliegerei begann einige Zeit später, im Jahr 1919. Damals wurden Bomber aus dem ersten Weltkrieg zu Passagiermaschinen umgerüstet, indem Passagierkabinen in den Rumpf hinein geschnitten wurden. Militärische Flugfelder dienten als Flughäfen und die vorhandenen Werkstätten wurden als Hangars genutzt (Cuadra 2001, S.26). Die Start- und Landebahnen ähnelten vielmehr einem Fußballfeld denn Rollbahnen wie man sie heutzutage kennt.

Die nächsten Jahrzehnte waren geprägt durch die Erfüllung der Hauptaufgabe der sogenannten „öffentlichen Daseinsvorsorge". Der Staat stellte den Bürgern die Einrichtungen und Dienstleistungen zur Verfügung, die für deren Grundversorgung erforderlich waren. Die dynamische Entwicklung der gesamten Luftfahrtindustrie trug dazu bei, dass sich Flughäfen zu eigenständigen Wirtschafts- und Standortfaktoren entwickelten und zur Schaffung von Arbeitsplätzen sowie zur Erhöhung der Lebensqualität beitrugen.

Zur selben Zeit mussten sich die Flughäfen kaum um Kosten und Erlöse sorgen. Einerseits konnten steigende Kosten sehr leicht auf die Kunden abgewälzt werden, da es nicht genügend Alternativen zu den vorhanden Airports[1] gab, andererseits waren diese komplett vom Staat finanziert. Es wurden enorme Subventionen gewährt, damit das Hauptziel einer allgegenwärtigen effektiven Infrastruktur erreicht werden konnte. Die Flughäfen agierten als staatlich geförderte Verkehrsknotenpunkte und nicht als kundenorientiertes Unternehmen (Jarach 2005, S.67).

In den letzten zwei Jahrzehnten sorgte die Expansion des Außenhandels, eine zunehmende internationale Arbeitsteilung und die multinationale Orientierung der Unternehmen für verschärfte Wettbewerbsbedingungen. Als Ende der 1990er Jahre der Ruf nach einer Re-regulierung und Privatisierung der deutschen Flughäfen immer lauter wurde, erkannten die Betreibergesellschaften, dass Änderungen in der Geschäftsstrategie unabdingbar waren.

---

[1] Die Begriffe Flughafen und Airport werden in dieser Arbeit synonym verwendet.

1.1 Problemstellung

Der zunehmende Kostendruck der durch verschiedenste Einflussfaktoren bedingt ist und die Konkurrenz um Passagiere, Fluggesellschaften und andere Kundengruppen, zwingen die Betreibergesellschaften zum Umdenken. Um den Kunden einen „Mehrwert" bieten zu können, ist es notwendig gezielte Zukunftsstrategien zu entwickeln und Zusatzfunktionen zu generieren (Preilowski 2009, S.9f). Heute sind Flughäfen laut SCHULZ ET AL. (2010, S.1) „riesige, pulsierende, architektonische Meisterwerke", die täglich von Millionen von Menschen genutzt werden. Sie sind das Ziel von Freizeitaktivitäten wie Ausstellungen, Events, Konzerten oder Volksfesten und auch Einkaufsstätte, vorwiegend an Wochenenden und Feiertagen. Wochentags werden durch in Flughafennähe ausgerichtete Tagungen und Konferenzen zusätzliche Erlöse generiert. Weitaus größere Bedeutung haben allerdings die Einnahmen, die mit der Vermietung von Ladeneinheiten an Einzelhändler und Gastronomen erzielt werden können. In München liegt der Anteil dieser sogenannten Non-Aviation-Erlöse inzwischen bei 48% (Flughafen München GmbH 2010, S.2). Auf die Gestaltung der Flächen von Gastronomie und Einzelhandel wird sehr großer Wert gelegt. Manchmal scheint es fast so, als ob der Flughafen und seine Infrastruktur um die Shop-Flächen herum gebaut wird. Zu untersuchen sind im Folgenden die aktuellen Entwicklungen hinsichtlich der am Flughafen vorhanden Branchen und aktiven Einzelhändler, sowie die Auswirkung der architektonischen Gestaltung des Flughafengebäudes auf das Kaufverhalten der Passagiere. Additiv werden die Unterschiede der deutschen internationalen Verkehrsflughäfen hinsichtlich ihrer betriebswirtschaftlichen Kennzahlen untersucht.

1.2 Aufbau der Arbeit

Nach der Einführung im ersten Kapitel werden im zweiten Kapitel grundsätzliche Definitionen vorgestellt um Flughäfen nach den gesetzlichen Bestimmungen einordnen zu können und einen Überblick über Aufgaben, Formen und die Eigentumsverhältnisse zu gewinnen. Des Weiteren werden die verschiedenen Einnahmequellen dezidiert untersucht und vorgestellt, ebenso wie Begrifflichkeiten des Einzelhandels. Ein weiterer Teilbereich des zweiten Kapitels wird die Darstellung der einzelnen Bereiche eines Flughafens sein. Verschiedene Abschnitte wie Terminal, Ankunftsbereich, Land- und Luftseite werden beleuchtet und hinsichtlich ihrer Architektur und Auswirkung auf das Nutzungskonzept beleuchtet.

Im dritten Kapitel werden verschiedene Einflussfaktoren identifiziert und es wird untersucht, wie diese auf Flughäfen wirken und welche Schlüsse sich daraus ziehen lassen. Beispielsweise werden die Position der Fluggesellschaften und der Wettbewerb der Flughäfen untereinander dargelegt. Andere Transporttechnologien und neue Informations- und Kommunikationstechnologien beeinflussen das „Unternehmen Flughafen" genauso wie Steuern und Kapazitätsengpässe. Die gewonnen Informationen sind nicht nur für die Betrachtung der Flughäfen wichtig, denn sie beeinflussen auch Einzelhandel und Gastronomie signifikant.

Im vierten Kapitel wird die Situation „gestern – heute – morgen" der deutschen Flughäfen beleuchtet. Hierbei liegt der Fokus auf betriebswirtschaftlichen Kennzahlen und deren Auswertung. Ein weiterer wichtiger Aspekt ist die Entwicklung der Passagierzahlen und die Untersuchung von gegenwärtigen und zukünftigen Herausforderungen, sowie treibender und hemmender Faktoren.

Das fünfte Kapitel widmet sich dem Einzelhandel am Flughafen, im Speziellen der Angebots- und Nachfragestruktur. Die Analyse der Angebotsseite zeigt den Einfluss der Flughafenarchitektur und verschiedener Konzepte der Passagierwegeführung auf. Ferner werden aktuelle Entwicklungen hinsichtlich des vorhandenen Branchenmixes, dominanter Marken und Lagen (Luft- oder Landseite) auf dem Flughafengelände spezifiziert. Ein weiterer wichtiger Punkt bei der Untersuchung der Angebotsstruktur ist das Aufzeigen spezieller Anforderungen an Einzelhändler am Flughafen. Auf der Nachfrageseite werden verschiedene Kundengruppen beleuchtet, genauso die Verweildauer und das sich verändernde Konsumentenverhalten. Dieses bedingt eine weitere Adaption der Gestaltung der Flughäfen. Um den Wunsch der Kunden nach Erlebnis zu erfüllen, müssen vermehrt Angebote mit Zusatznutzen geschaffen werden.

Das sechste Kapitel überprüft welche Erkenntnisse aus Kapitel 5 in Deutschland bereits angewendet werden. Dies geschieht mittels Detaildarstellungen der fünf passagierstärksten Verkehrsflughäfen Deutschlands. Mit Hilfe von Orientierungskarten kann die architektonische Gestaltung und die Anordnung der Retailflächen auf einen Blick erfasst und verglichen werden. Additiv werden Informationen zur Kundenstruktur und den Kernöffnungszeiten zur Verfügung gestellt. Ferner werden

Besonderheiten der einzelnen Airports herausgearbeitet und darauf aufbauend werden besonders positive und negative Aspekte beleuchtet.

Ziel dieser Arbeit ist es, Flughafenbetreibern, Interessenten aus Einzelhandel, Gastronomie und Dienstleistung einen Überblick über den Einzelhandel am Flughafen zu geben. Interessierten soll durch die Lektüre bewusst gemacht werden, welche Besonderheiten an einem Flughafen zu beachten sind und welche Einflussfaktoren signifikant wichtig sind. Sie sollen somit in die Lage versetzt werden Investitionsentscheidungen treffen zu können. Bewusst wurde auf einen Vergleich mit Flughäfen verzichtet, die bekannt für ihren Einzelhandel sind (London Heathrow, Amsterdam Shiphol). Durch die Fokussierung auf Deutschland soll ein Nachschlagewerk für an deutschen Flughäfen interessierten Einzelhändlern, Gastronomen und Dienstleistern entstehen.

Zunächst werden nun wichtige Definitionen und Rahmenbedingungen für Flughäfen in Deutschland im Allgemeinen und für den Einzelhandel im Speziellen vorgestellt.

2 Grundlagen-Definitionen und Rahmenbedingungen

2.1 Flughafen

2.1.1 Arten von Flughäfen

Je nach Definition gibt es unterschiedliche Angaben darüber, wie viele Flughäfen in Deutschland existieren. Laut DROß/THIERSTEIN gibt es 45 bis 60 Flughäfen, hinzukommen Sonderflughäfen und Militärflugplätze. Werden auch die Flugplätze dazu gezählt, die für motorisierte Kleinflugzeuge zur Verfügung stehen, gibt es weitere 439 Flugplätze. Laut der BUNDESVEREINIGUNG GEGEN FLUGLÄRM E.V., ist dies das dichteste Flugplatz-Netz der Welt. Abbildung 1 veranschaulicht dies.

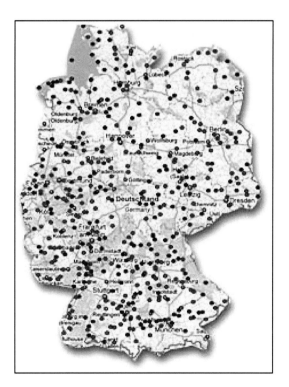

Abbildung 1: Flughäfen und Flugplätze in Deutschland[2]

Es existieren zahlreiche verschiedene Einordnungsmöglichkeiten.

Tabelle 1 zeigt eine Auswahl davon im Überblick (Sterzenbach et al. 2009, S.62):

---

[2] Quelle: http://www.fluglaerm.de/bvf/info/, Abruf vom 18.2.2012.

Bezeichnung	Abgrenzungskriterium	Abgrenzungsgrundlage
Flughafen	Bauschutzbereich zwingend	LuftVG, LuftVZO
Landeplatz	Bauschutzbereich nicht zwingend	
Segelfluggelände	Nutzung nur durch Segelflugzeuge	
Internationaler Verkehrs-flughafen Regionalflughafen	Verkehrswirtschaftliche und - politische Bedeutung	Festlegung der ADV bzw. BMVBS
Großer Gemeinschafts-flughafen Nationaler Flughafen Großer Regionalflughafen Kleiner Regionalflughafen	Passagierzahl	EU Leitlinien für die Finanzierung von Flughäfen
Primärflughafen Sekundärflughafen Tertiärflughafen Quartiärflughafen	Verkehrswirtschaftliche und - politische Bedeutung	
Hub Flughafen	Anteil Umsteigepassagiere, Ausrichtung auf Netzwerkcarrier	
Low Cost Flughafen	Anteil Low Cost Carrier	

Tabelle 1: Abgrenzungsmöglichkeiten von Flughäfen

Die rechtlichen Rahmenbedingungen werden durch das Luftverkehrsgesetz (LuftVG) und die Luftverkehrszulassungsordnung (LuftVZO) geregelt (Beckers et al. 2003, S.12). Das LuftVG teilt Flugplätze wie in Abbildung 2 dargestellt ein: (Schulz et al. 2010, S.9 nach Maurer 2006):

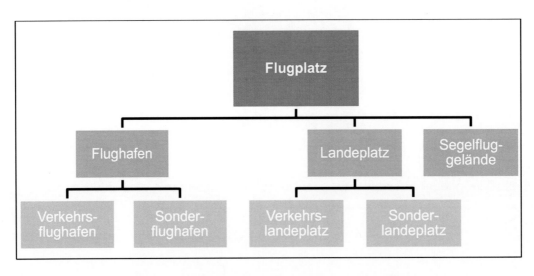

Abbildung 2: Einteilung von Flugplätzen nach LuftVG

In dieser Arbeit liegt der Fokus auf sogenannten Verkehrsflughäfen, die im Folgenden definiert werden.

2.1.2 Definition

Ein Verkehrsflughafen ist ein räumlich abgegrenzter Bereich auf dem Land oder Wasser, der Anlagen und Ausrüstungen zur Verfügung stellt, damit die Ankunft, der Abflug und die Bewegung von Luftfahrzeugen auf dem Boden gewährleistet werden können (Santin 2000, S.86 nach Pompl 1998, S.120). Er ist eine Plattform die den Austausch von luft- und landseitigem Transport und von Personen oder Waren vereinfacht (Doganis 1992, S.7).

In Deutschland werden von verschiedenen Verbänden und Institutionen[3] unterschiedliche Abgrenzungen zur Auswertung von Flughäfen verwendet. In dieser Arbeit wird der Empfehlung der deutschen Flugsicherung (DFS) gefolgt. Diese benennt drei verschiedene Kategorien – internationaler Verkehrsflughafen, Regionalflughafen und Sonderflughafen. In Abbildung 3 werden alle Airports in Deutschland gezeigt, die die Kriterien der DFS erfüllen. Insgesamt werden 16 Flughäfen als internationale Verkehrsflughäfen geführt. Die Art der Durchführung der Flugsicherungsdienste determiniert deren Bezeichnung (Gebauer 2005, S.6f.). Zur Erbringung der Flugsicherung ist die DFS nur an den internationalen Verkehrsflughäfen gesetzlich verpflichtet. Diese Verpflichtung entsteht, wenn das BMVBS „einen Bedarf aus Gründen der Sicherheit und aus verkehrspolitischen Interessen anerkennt" (§27d LuftVG) und der Bund die DFS mit der Flugsicherung beauftragt. An Regionalflughäfen ist die DFS nicht verpflichtet Flugsicherungsdienste zu übernehmen. Deshalb werden diese von natürlichen Personen oder Regionallotsen im Rahmen einer individuellen Einzelbeauftragung durch den BMVBS erbracht (Gebauer 2005, S.7).

Auch nach der Definition des DFS ist die Flughafendichte in Deutschland noch immer recht hoch. In jedem Bundesland gibt es zumindest einen (Sachsen-Anhalt) oder mehrere (Mecklenburg-Vorpommern) Regionalflughafen, bis hin zu drei internationalen Verkehrsflughäfen und vier Regionalflughäfen (Nordrhein-Westfalen). Auffallend ist, dass wirtschaftsschwache Standorte auch in Sachen Flughafen-Infrastruktur schlecht bedient werden.

---

[3] Hierbei besonders DFS, ADV, Statistisches Bundesamt.

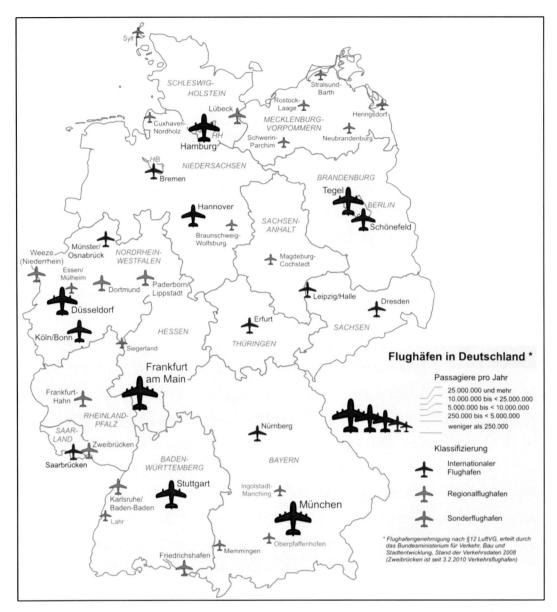

Abbildung 3: Internationale Verkehrs- und Regionalflughäfen in Deutschland[4]

Die Wichtigkeit einer optimalen Anbindung an verschiedene Verkehrsmittel wird später genauer beleuchtet.

Im folgenden Abschnitt werden nun die Betriebsformen und Eigentumsverhältnisse der 16 internationalen Verkehrsflughäfen aufgezeigt.

---

[4] Quelle: Lencer 2010.

2.1.3 Betriebsformen und Eigentumsverhältnisse

Nach JARACH (2005, S.5) gibt es vier verschiedene Betriebsformen bei Flughäfen, jede mit unterschiedlichem Anteil an privaten und öffentlichen Akteuren:

1. **Direkte staatliche Kontrolle**

   Diese Form liegt vor, wenn eine zentrale Regierungsstelle die Verantwortung für die Leitung sämtlicher Flughäfen eines Landes übernimmt. Dies wird in Griechenland, Schweden und Norwegen praktiziert.

2. **Dezentralisierte öffentliche Kontrolle durch Flughafen-Behörden**

   In diesem Fall werden formal unabhängige Akteure vom Staat ermächtigt, alle Aufgaben die Flughäfen und deren Leitung betreffen zu übernehmen. Die zentrale politische Kontrolle sollte auf makroökonomische, rechtliche und wettbewerbsverzerrende Aspekte beschränkt sein.

3. **Mischung aus öffentlicher und privater Kontrolle**

   Hierbei sind private Betreiber aktiv in das Management integriert, oder sie sind Anteilseigentümer der Betreibergesellschaften.

4. **Private Flughafenbetreiber**

   Private Eigentümerstrukturen wurden lange Zeit von der Politik verhindert. Es wurde befürchtet, dass die Kontrolle über die Infrastrukturentwicklung verloren ginge. In den letzten Jahren änderte sich dies und der Trend ging hin zur Privatisierung bei Flughafenbetreibern. Vorreiter war dies bezüglich die BAA in Großbritannien.

In Deutschland hat die Bundesregierung aus Kostengründen seit Jahren geplant, sich aus dem Flughafenbereich zurück zu ziehen und sich auf die Planung von Fernverkehrsanbindungen zu konzentrieren. Derzeit fungieren die Bundesländer als Genehmigungsbehörden und sind für die Flughafenentwicklung verantwortlich (Lehmann-Tolkmitt 2004, S.95). Auf Grund des überaus großen Innovationspotentials und zunehmendem Kapitalbedarf wird eine Privatisierung in der einschlägigen Fachliteratur seit Jahren diskutiert und einhellig gefordert. Trotzdem ist die öffentliche Hand immer noch Allein- oder Mehrheits-Eigentümer der Flughäfen (Beckers et al. 2003, S.4). Bisher wurden Teilprivatisierungen bei einigen größeren Flughäfen wie Düsseldorf und Frankfurt durchgesetzt. Tabelle 2 zeigt die Eigentümerstruktur der internationalen Verkehrsflughäfen Ende 2010.

Nr. Flughafen	IATA-Code	Flughafenunternehmen	Gesellschafter bzw. Aktionäre	Beteiligung iHv (%)
1 Hamburg	HAM	Flughafen Hamburg GmbH	Hochtief Concessions AG	49,00
			Freie und Hansestadt Hamburg	51,00
2 Bremen	BRE	Flughafen Bremen GmbH	Hansestadt Bremen	100,00
3 Hannover	HAJ	Flughafen Hannover-Langenhangen GmbH	Hannoversche Beteiligungs GmbH ^1	35,00
			Stadt Hannover	35,00
			Fraport AG	30,00
4 Berlin-Tegel	TXL	Berliner Flughafen GmbH	Land Berlin	37,00
&5 Berlin-Schönefeld	SXF	Flughafen Berlin-Schönefeld GmbH	Land Brandenburg	37,00
			BR Deutschland	26,00
6 Leipzig Halle	LEJ	Flughafen Leipzig/Halle GmbH	MDF AG ^2	94,00
			Freistaat Sachsen	5,50
			Landkreis Nordsachsen	0,25
			Stadt Schkeuditz	0,25
7 Dresden	DRS	Flughafen Dresden GmbH	MDF AG ^2	94,00
			Freistaat Sachsen	4,84
			Landkreis Meißen	0,58
			Landkreis Bautzen	0,58
8 Erfurt	ERF	Flughafen Erfurt GmbH	Land Thüringen	95,00
			Stadt Erfurt	5,00
9 Münster/Osnabrück	FMO	Flughafen Münster/Osnabrück GmbH	Stadtwerke Münster GmbH	35,06
			Kreis Steinfurt	30,28
			Stadtwerke Osnabrück AG	17,20
			Verkehrsges. Stadt Greven	5,89
			Verkehrsges. Landkreis Osnabrück	5,08
			Sonstige	6,49
10 Düsseldorf	DUS	Flughafen Düsseldorf GmbH	Airport Partners GmbH ^3	50,00
			Landeshauptstadt Düsseldorf	50,00
11 Köln/Bonn	CGN	Flughafen Köln/Bonn GmbH	BR Deutschland	30,94
			Land Nordrhein-Westfalen	30,94
			Stadt Köln	31,12
			Stadtwerke Bonn	6,06
			Rhein-Sieg-Kreis	0,59
			Rheinisch Bergischer Kreis	0,35
12 Frankfurt/Main	FRA	Fraport AG	Land Hessen	31,50
			Stadtwerke Frankfurt a.M. Holding GmbH	20,12
			Artio Global Investors Inc.	10,33
			Deutsche Lufthansa AG	9,92
			Streubesitz ^4	9,50
			Unbekannt	18,63
13 Saarbrücken	SCN	Flughafen Saarbrücken Betriebsges. mbH	Verkehrsholding Saarland GmbH	100,00
14 Stuttgart	STR	Flughafen Stuttgart GmbH	Land Baden-Württemberg	65,00
			Stadt Stuttgart	35,00
15 Nürnberg	NUE	Flughafen Nürnberg GmbH	Freistaat Bayern	50,00
			Stadt Nürnberg	50,00
16 München	MUC	Flughafen München GmbH	Freistaat Bayern	51,00
			BR Deutschland	26,00
			Stadt München	23,00

^1 Alleingesellschafter ist das Land Niedersachsen

^2 MDF AG= Mitteldeutsche Flughafen AG		^3 Hochtief Concessions AG	
Freistaat Sachsen	76,64	Hochtief Airport Capital KGaA	0,20
Land Sachsen-Anhalt	18,54	Aer Rianta PLC	0,40
Stadt Dresden	2,52	^4 Taube Hodson Stonex Partners LLP	0,04
Stadt Leipzig	2,10	Arnhold & S. Bleichroeder Holdings Inc.	0,03
Stadt Halle	0,20	Morgan Stanley	0,03

Tabelle 2: Eigentümerstruktur der internationalen Verkehrsflughäfen[5]

Man kann erkennen, dass sich neben dem Bund auch Länder, Gemeinden und einige Städte an Verkehrsflughäfen beteiligen. Dies hat hauptsächlich strategische und regionalpolitische Gründe – es geht um die Wahrung der politischen Einfluss-

---

[5] Quelle: Geschäftsberichte der Flughafenbetreiber, Stand: 31.12.2010.

möglichkeiten insbesondere bei Flughafenerweiterungen und den damit verbunde-
nen Problemen wie steigende Lärm- und Schadstoffbelastungen von Anwohnern
(Lehmann-Tolkmitt 2004, S.95).

2.1.4 Aufgaben und Funktionen eines Verkehrsflughafens

Eine der Hauptaufgaben von Flughäfen ist noch immer die Erfüllung der öffentlichen
Daseinsvorsorge, also die Durchführung und Sicherstellung des Flugbetriebes. Nach
SCHULZ ET AL. führten tiefgreifende Veränderungen im Transportwesen und in Gesell-
schaft und Wirtschaft zu verschiedenen Entwicklungen:

Erstens waren Flughäfen früher nur dazu da, andere Ziele mit dem Flugzeug zu
erreichen. Heute ermöglicht ein Flughafen zahlreiche Umsteigemöglichkeiten zwischen verschiedenen Verkehrsträgern wie Bus, Bahn oder Pkw. Dadurch wird der
Flughafen zu einem multimodalen Verkehrsknoten. Abbildung 4 verdeutlicht den
Unterschied zwischen heute und früher.

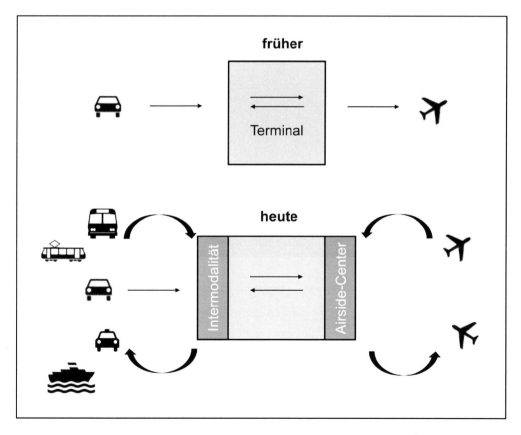

Abbildung 4: Der Flughafen als Verkehrsknotenpunkt[6]

---

[6] Quelle: Schulz et al 2010, S.85.

Zweitens entwickeln sich Flughäfen immer mehr zu Konsum- und Freizeitwelten. In den letzten Jahren spielen sich viele unterschiedliche sozioökonomische Veränderungen ab. Die wöchentliche Arbeitszeit hat sich verkürzt, die Menschen haben mehr Freizeit. Außerdem steigen das Nettohaushaltseinkommen und damit das für Freizeitgestaltung verfügbare Einkommen stetig an. Trotz wirtschaftlicher Krisen änderten sich die Lebensmaximen hin zu Genuss, Erlebnis und Vergnügen (Schulz et al. 2010, S.85-88). Dies äußert sich auch in der Architektur und den Einnahmenquellen der Flughäfen.

Weitere Funktionen sind die Wegsicherung und Abfertigung. Der Flughafen muss alle erforderlichen Anlagen, Flächen und Gebäude bereitstellen, die dem Starten, Landen und Abstellen von Flugzeugen und der Abfertigung derselben, von Passagieren und Fracht dienen (Lehmann-Tolkmitt 2004, S.7).

Die von STERZENBACH ET AL. (2009, S.163) als Hilfsfunktionen bezeichneten Nebenaufgaben, wie die Bereitstellung von Flächen für Wartungsbetriebe oder Serviceleistungen für Passagiere und Besucher, gewinnen immer mehr an Bedeutung. Insbesondere die Einnahmen die mit Parkplätzen, Autovermietungen, Handel und Gastronomie, auch Non-Aviation-Erlöse genannt, erzielt werden können, machen einen von Jahr zu Jahr höheren Anteil der Einnahmen aus. Im nachfolgenden Abschnitt werden die verschiedenen Einnahmequellen kurz dargestellt und kategorisiert.

2.1.5 Einnahmequellen

Traditionell waren gewerbliche Einnahmen an Flughäfen Nebenprodukte. Das Hauptanliegen war eine optimierte MCT (Minimum Connecting Time). Das Ziel war Passagiere so schnell und effizient wie möglich durch das Flughafengelände zu schleusen (Freathy/O'Connell 1998, S.249). Inzwischen etabliert sich immer mehr eine neue Sichtweise man betrachtet Flughäfen in einem gesamtwirtschaftlichen Kontext.

Die Bundesrepublik Deutschland zieht sich immer mehr aus der Finanzierung von Flughäfen zurück. Das Kapital das zur Instandhaltung und Weiterentwicklung benötigt wird, muss selbst erwirtschaftet werden. Die dazu nötigen Umsätze werden in zwei verschiedenen Geschäftsfeldern generiert – dem Aviation[7] und dem Non-Aviation-Bereich (Vojvodic 2008, S.96). Der Aviation-Bereich umfasst alles, was mit der Wegsicherungs- und Abfertigungsfunktion eines Flughafens zusammenhängt. Hierbei muss zwischen der Bereitstellung der Infrastruktur und der Erbringung der Bodenverkehrsdienste unterschieden werden. Zum Non-Aviation-Bereich gehören alle Aktivitäten die nicht zuvor als zugehörig zum Aviation-Bereich beschrieben wurden (Sterzenbach et al. 2009, S.177). Tabelle 3 zeigt die beiden unterschiedlichen Kategorien und deren Einnahmequellen auf.

Aviation-Bereich	Non-Aviation-Bereich
Landegebühren	Vermietung von Gebäuden/Flächen
Abstellgebühren	Konzessionsvergabe
Flugsicherung	Eigenvertrieb (Shops, Catering…)
Passagiergebühren	Parkgebühren
Frachtgebühren	Werbeflächen
Bodenverkehrsdienste	Beratungsleistungen
Sonstiges (Befeuerung, Flugzeugenteisung, Fluggastbrücken)	Sonstiges (Zinseinnahmen, Projektentwicklung)

Tabelle 3: Einnahmequellen der Flughäfen[8]

Bei der Gegenüberstellung der Situation deutscher Flughäfen in Kapitel 0 hinkt der Vergleich an mancher Stelle, da die Flughafenbetreiber Aviation und Non-Aviation teilweise anders abgrenzen, oft aber nicht klar ist, wie sie das tun.

Der stetige Wandel der Flughäfen von reinen Abfertigungseinrichtungen zu multifunktionalen Einzelhandelszentren spiegelt sich in der Architektur wider und beeinflusst die Struktur des Flughafens entscheidend.

2.1.6 Struktur von Flughäfen

Nach SCHULZ ET AL. (2010, S.111) sind Flughäfen generell eingeteilt in eine Landseite (*Landside oder öffentlicher Bereich*), den Terminalbereich und die Luftseite (*Airside oder nicht öffentlicher Bereich*). Der schematische Aufbau bzw. die allgemeine Struktur von Flughäfen wird in Abbildung 5 gezeigt.

---

[7] Im angloamerikanischen Bereich spricht man von Aeronautical und Non-Aeronautical-Revenues oder auch von Travel- und Non-Travel-Revenues. Diese Begriffe sind synonym zu gebrauchen.
[8] Quelle: Nach Graham (2007) S.56 und Doganis (1992) S.54.

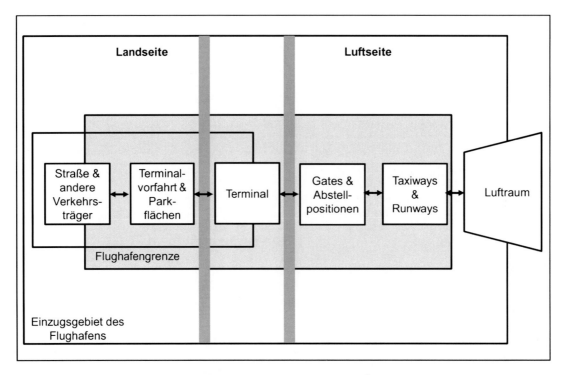

Abbildung 5: Flughafenstrukur[9]

Landside

Über die bodengebundene Verkehrsstruktur erreichen und verlassen die Passagiere den Flughafen (Beckers et al 2003, S.6). Es wird oft nach ÖPNV (U-/S-Bahn, Bus, Bahn) und Individualverkehr (Pkw und Taxi) unterschieden. Auf der Landseite werden auch die sog. Vorfahrt und Parkmöglichkeiten für die Passagiere vorgehalten. Die Vorfahrt ist der Bereich am Flughafen an dem kurz gehalten werden kann, damit Passagiere das Fahrzeug verlassen. Anschließend treten die Fluggäste direkt in das Terminalgebäude hinein.

Terminal

Das Terminal ist die Verbindung von Luft- und Landseite. Alle notwendigen Einrichtungen zur Abfertigung von Passagieren und Gepäck sind hier angesiedelt. Nach SEEL (2010, S.27f.) umfassen die primären Komponenten Einrichtungen zur Steuerung und Regelung der Abflug- (Departure), Ankunft- (Arrival) und Umsteige-Vorgänge (Transfer). Es gibt des Weiteren sekundäre Einrichtungen die den Aufenthalt der Passagiere angenehm und kurzweilig gestalten sollen (Ders. S.31).

---

[9] Quelle: Schulz et al. 2010, S.111 nach Schulz 2009.

Die Zuordnung der Abstellpositionen von Flugzeugen, deren Verknüpfung untereinander und die Anbindung an das Zentralgebäude definieren verschiedene Arten von
Terminals. Es gibt vier verschiedene Grundkonzepte (BRUST 2005, S.33 nach HART
1986; CUADRA 2002, S.17) die in den jeweiligen Grafiken schematisch dargestellt
sind:

1. Finger-/Pier-Konzept

Eine sehr kompakte Lösung, bei der man von der Eingangshalle über Korrido-
re direkt zu den Gates gelangt. Bei zwei oder mehr Fingern muss der Zwi-
schenraum so bemessen sein, dass er für ein bis zwei Vorfeld-Rollwege aus-
reicht. Die Pierlösung kann in verschiedenen Ausführungen erfolgen, z.B. als
Y oder T, wobei bei diesen Varianten sehr viel Vorfeldfläche benötigt wird.

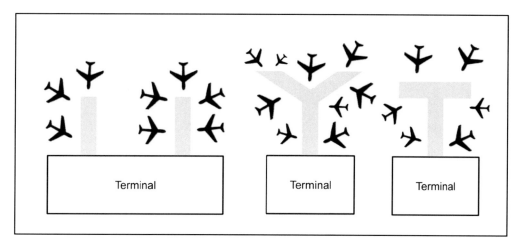

Abbildung 6: Pier-Konzept

2. Satelliten-Konzept

Das Flughafengebäude wird mit der Abflug- und Empfangshalle über Tunnels,
Brücken oder ein Transportsystem mit den separat auf dem Vorfeld errichte-
ten Gates verbunden. Nachteilig sind hier die langen Wege. Ein großer Vorteil
ist hingegen die konstante Entfernung vom Terminal zu den Gates. Normalerweise sind Satelliten rund, damit viele Flugzeuge gleichzeitig bei geringem
Flächenverlust andocken können. Es gibt auch rechteckige Satelliten, die je
nach Ausrichtung zum Terminal wieder sehr ähnlich zu den Pierlösungen sind.

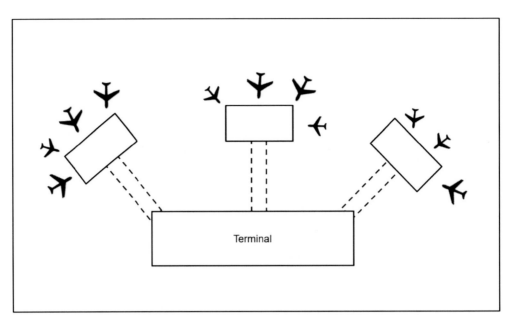

Abbildung 7: Satelliten-Konzept

3. Linear-Konzept

Bei diesem Grundrisstyp befinden sich auf der Landseite die Check-in-Counter und auf der Luftseite die Gates. Normalerweise handelt es sich um längliche Strukturen, manchmal werden aber auch ein Halbkreis oder Kreis oder ein Polygon ausgebildet. Die Parkposition der Flugzeuge kann senkrecht, parallel oder schräg sein – dies beeinflusst die Entwicklungslänge des Gebäudes maßgeblich, da viel Platz zum Manövrieren benötigt wird.

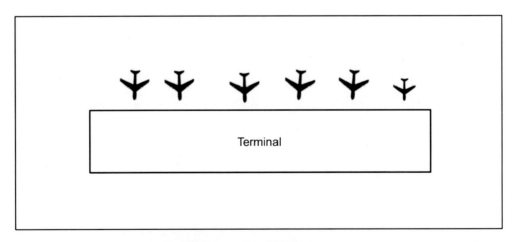

Abbildung 8: Linear-Konzept

4. Transporter-Konzept

Bei dieser Variante wird auf eine bauliche Verbindung von Terminal und Flugzeug verzichtet. Passagiere und Gepäck werden z.B. per Bus zum Flugzeug gebracht. Von Vorteil sind die geringen Investitionsausgaben, nachteilig ist der arbeits- und kostenintensive Betrieb.

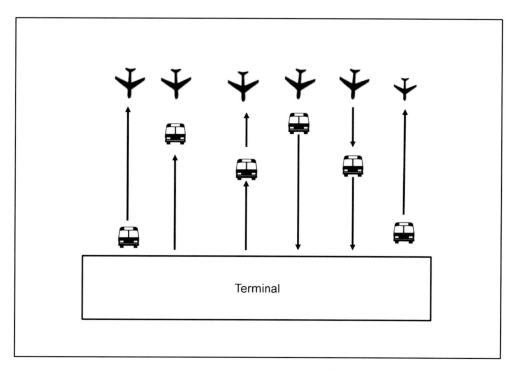

Abbildung 9: Transporter-Konzept[10]

Aus diesen vier Grundtypen lassen sich viele hybride Lösungen generieren. Gerade Großflughäfen nutzen dies und versuchen die Vorteile der verschiedenen Systeme optimal zu kombinieren. Manche Flughäfen werden von Beginn an modular geplant. Hierbei werden mehrere eigenständige Terminals geplant, die dann z.B. unterschiedlichen Fluggesellschaften zugewiesen werden.

Airside

Die Luftseite eines Flughafens beherbergt die Flugbetriebsflächen. Diese leiten das Flugzeug zwischen dem Terminal und den Start- und Landebahnen. Auch das Vorfeld, auf dem die Flugzeuge ihre Parkposition einnehmen gehört dazu. Ebenso wie die Reparatur- und Wartungshallen, sowie die sonstigen Serviceeinrichtungen wie Werksfeuerwehr und Winterdienst (Schulz et al. 2010, S.111).

---

[10] Quelle: Eigene Darstellung.

Nach der Definition von Flughäfen und der Vorstellung der allgemeinen Rahmenbe-dingungen, folgt nun die Definition des Einzelhandels.

2.2 Einzelhandel

Traditionell steht der Einzelhandel im Mittelpunkt des tertiären Wirtschaftssektors, dem Dienstleistungssektor. Er ist vom Großhandel zu unterscheiden. Großhandel ist der Absatz von Waren an Wiederverkäufer, Weiterverarbeiter und Großverbraucher (Blotevogel 2003, S.1).

Bei der Definition des Einzelhandels gibt es zwei verschiedene Ansätze

1. **Funktionell**: Einzelhandel ist der Absatz von Waren an den Letztverbraucher. Er ist die letzte Stufe in der Distributionskette vom Urerzeuger bis zum Konsumenten.

2. **Institutionell:** Einzelhändler sind Betriebe oder Unternehmen, die ganz oder überwiegend Einzelhandel betreiben. Der Schwerpunkt dieser Unternehmen liegt in der Beschaffung und im Absatz der Güter. Der Handel übernimmt die Position eines Vermittlers zwischen der Produktion und dem Verbrauch (vgl. Abbildung 10)

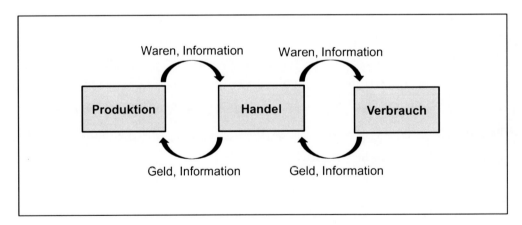

Abbildung 10: Stellung des Handels als Vermittler[11]

Der Einzelhandel wird durch verschiedene Einflussfaktoren gelenkt. STAUCH (1972, S.168f.) identifizierte diese den Einzelhandel beeinflussende Faktoren:

---

[11] Quelle: Eigene Darstellung in Anlehnung an Heinritz/Klein/Popp 2003, S.21.

1. **Exogen:**

   Wohnbevölkerung, Privater Konsum, Konsumgewohnheiten, Städtebauliche Aspekte, Technischer Fortschritt, Außenhandel, Gesetze.

2. **Endogen:**

   Preis, Sortiment, Service, Standort.

Im Bereich des Flughafens haben die Wohnbevölkerung, städtebauliche Aspekte und der Außenhandel so gut wie keinen Einfluss. Die gesetzlichen Vorschriften beeinflussen den Handel am Flughafen nur insoweit, als sie die Handelsflächen teilweise beschränken. Andere gesetzliche Vorgaben, wie beispielsweise das Ladenschlussgesetz, gelten im Bereich von Flughäfen allerdings nicht. Der technische Fortschritt, der Konsum und die Konsumgewohnheiten beeinflussen den Einzelhandel an Flughäfen aber nicht so stark wie man es vom Handel z.B. in den Innenstädten kennt. Dies liegt daran, dass das typische Klientel, die Passagiere, sich in einer Sondersituation befinden. Viele Passagiere sind auf dem Weg in den Urlaub. Wenn es sich um wohlhabende Fluggäste handelt, achtet diese Zielgruppe nicht sonderlich auf den Preis, wenn Ihnen etwas gefällt. Die Urlauber, die einen günstigen Flug bei den sog. Low Cost Carriern erstanden haben, sind zwar viel preissensibler, aber da sie bei der Reisebuchung schon viel eingespart haben, gönnen diese sich oft ein Souvenir vom Flughafen. Die Konsumgewohnheiten am Flughafen entsprechen nicht der Norm. Hintergründe und Strategien, die für diese Situation am Airport entwickelt wurden, werden in Kapitel 0 näher erläutert. Auch die vier endogenen Faktoren (Preis, Sortiment, Service und Standort) haben einen anderen Stellenwert als im üblichen Einzelhandel. Sie werden ebenfalls im fünften Kapitel spezifiziert.

Im folgenden Abschnitt werden nun verschiedene Faktoren untersucht, die Einfluss auf das „Unternehmen Flughafen" haben.

3 Einflussfaktoren auf Flughäfen

Die Einflussfaktoren auf Flughäfen sind vielschichtig und sehr unterschiedlich. Doch eines ist all diesen Faktoren gemein – sie tragen dazu bei, dass die Einnahmen aus dem Ursprungsgeschäft (Aviation-Bereich) seit Jahren rückläufig sind. Dieses Kapitel zeigt die wichtigsten Einflussfaktoren im Detail auf. Abbildung 11 verschafft einen ersten Überblick über die vorgestellten Faktoren:

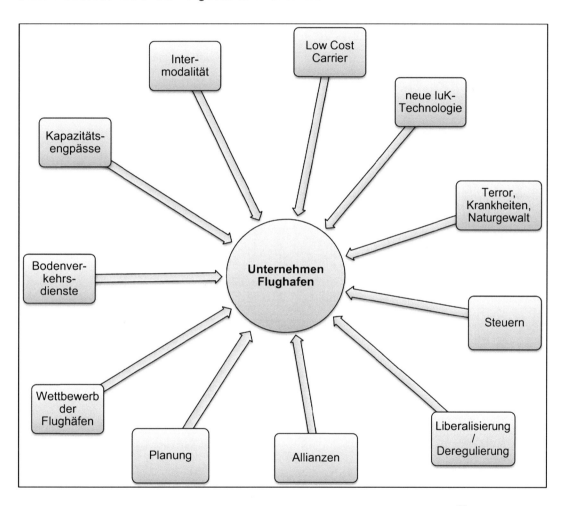

Abbildung 11: Einflussfaktoren auf das Unternehmen Flughafen[12]

---

[12] Quelle: Eigene Darstellung in Anlehnung an Preilowski 2009, S.26.

3.1 Deregulierung und Liberalisierung

Der Begriff der Liberalisierung im Flugverkehr hat zweierlei Bedeutung. Auf der einen Seite wird damit zum Ausdruck gebracht, dass der Einfluss des Staates auf die Flughäfen zurück gedrängt wird (Lehmann-Tolkmitt 2004, S.55). Auf der anderen Seite wird der Begriff Liberalisierung dazu verwendet, zu beschreiben, dass die Beschränkungen Streckendienste anzubieten und Passagiere zu befördern keinen Bestand mehr haben. Am 1. April 1998 ist nach VILL (1998, S.70) die Liberalisierung des EU-Binnenmarktes in Kraft getreten. Die früher üblichen Pool-Absprachen und Angebots- bzw. Kapazitätsbeschränkungen greifen seitdem nicht mehr. Durch diese Neuregelung wird neuen Fluggesellschaften der Markteintritt erleichtert. Für die alteingesessenen Carrier haben sich hingegen der Kostendruck und der Wettbewerb verschärft (Flughafenkonzept der Bundesregierung 2009, S.45).

Im Verkehr mit Drittstaaten regeln normalerweise bilaterale Abkommen, welche Fluggesellschaften welche Airports mit welcher vorgegebenen Frequenz anfliegen dürfen. Die ICAO hat dazu neun Luftverkehrs-Freiheiten erstellt, die sich die Vertragspartner gewähren können. Diese werden „Freiheiten der Luft" (engl. Freedom of the air) genannt (Anhang).

Der Unterschied zwischen Deregulierung und Liberalisierung ist, dass bei einer Liberalisierung das Grundsystem der Kontrolle bestehen bleibt. Hingegen sollen bei der Deregulierung die staatlichen Eingriffe in ihrer Gesamtheit aufgehoben werden. Gemeinsam ist beiden, dass sie darauf abzielen den Anteil behördlicher Kontrollen zu verändern (Lehmann-Tolkmitt 2004, S.55 nach von Wrangeli 1999, S.82). Die durch Deregulierung und Liberalisierung entstandene Aufhebung der Regulierung führte zu veränderten Flugnetzstrukturen. Es bildeten sich sog. „Hubs", Flughäfen mit Drehkreuzfunktion. An diesen Hubs werden die Flüge von sog. „Spokes" (Zubringer-Flughäfen) gebündelt. Dies trägt zur Verkehrsoptimierung der Fluggesellschaften bei, führt zu einem erhöhten Passagieraufkommen und einer größeren Zahl von Destinationen (Landes 2009, S.35). In Deutschland sind die Flughäfen Frankfurt und München internationale Hubs. Abbildung 12 verdeutlicht den Unterschied vom Hub-and-Spoke-System und dem Point-to-Point-System. Bei Point-to-Point werden die Flüge nicht gebündelt, es gibt also nur Direktverbindungen. Bei sechs Flughäfen sind jeweils 30 Verbindungen möglich. Das Hub-and-Spoke System benötigt dazu nur 10 Flüge, das Point-to-Point-System hingegen 30 Flüge.

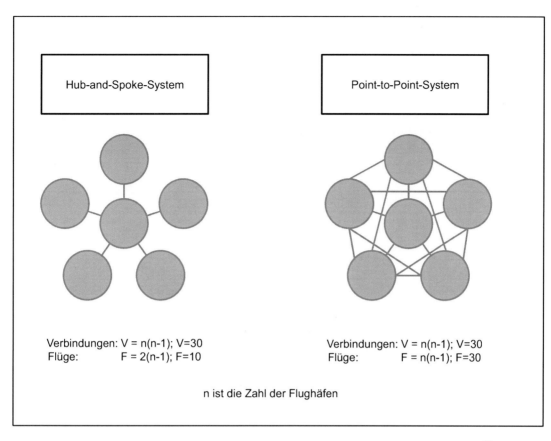

Abbildung 12: Hub-and-Spoke-System & Point-to-Point-System im Vergleich[13]

Aber nicht nur die Verbindung der Flughäfen untereinander ist von großer Bedeutung, sondern auch die Anbindung an andere Verkehrsmittel.

3.2 Intermodalität

Die Intermodalität wird von der EU-Kommission definiert als „Verkehrssystem, bei dem mindestens zwei Verkehrsträger integriert in einer Transportkette von Haus zu Haus genutzt werden können" (Flughafenkonzept 2009, S.39). Die intelligente Vernetzung von Luft, Straße und Schiene ist wirtschaftlich und ökologisch sinnvoll (Stumpf 2010, S.35), da die Bedeutung der einzelnen Verkehrsträger in Abhängigkeit von der Entfernung steht. 4 zeigt, dass bei Reiseentfernungen ab 1.000 km das Flugzeug das beliebteste Reisemittel ist. Bei Kurzstrecken ist das Flugzeug im Nachteil – zwar ist die Reisegeschwindigkeit sehr hoch, aber der Zeitbedarf für Check-in, Sicherheitskontrollen und Boarding ist überproportional groß. Die kürzeste

---

[13] Quelle: Sterzenbach et al. 2009, S.205.

innerdeutsche Flugstrecke ist Frankfurt – Stuttgart mit 160km. Der Anteil der Transferpassagiere liegt hier allerdings bei 90%. Die Strecke wird nur von der Lufthansa bedient (Sterzenbach et al. 2009, S.117).

Hauptverkehrsmittel der Reise						
Entfernung	Auto	Bahn	Reisebus	Flugzeug	Schiff	Sonstiges
km			%			
bis unter 250	73	22	2	0	1	2
250 bis unter 500	71	22	4	1	1	1
500 bis unter 750	57	26	6	10	1	1
750 bis unter 1.000	53	16	9	20	2	1
1.000 bis unter 2.000	31	7	8	49	5	1
2.000 und mehr	3	1	1	92	2	1

Tabelle 4: Nutzung der Verkehrsmittel nach Entfernung[14]

Da im Zuge der Globalisierung immer mehr Mittel- und Langstreckenflüge, sei es für Geschäfts- oder Privatreisen, unternommen werden, wird der Flughafen zu einem multimodalen Knotenpunkt. Durch eine gute Anbindung an die anderen Verkehrsmittel kann ein Airport seine Wettbewerbsbedingungen positiv beeinflussen. Tabelle 5 verschafft einen ersten Überblick darüber wie die 16 internationalen Verkehrsflughäfen derzeit in Deutschland an die anderen Verkehrsträger angeschlossen sind.

	Nahverkehr	Fernverkehr	Straße
Berlin Schönefeld	S-Bahn, Regionalbahn	IC/ICE	B96a, B179, A113
Berlin Tegel	Bus	Fernbus	A 111
Bremen	Straßenbahn, Fahrrad	Fernbus	B75, A281
Dresden	S-Bahn, Straßenbahn		B97, A4, A13
Düsseldorf	S-Bahn, Regionalbahn, Bus	IC/ICE, Thalys	A44
Erfurt	Stadtbahn		B7, A71
Frankfurt/Main	S-Bahn, Regionalbahn	IC/ICE	B43, A3, A5
Hamburg	S-Bahn, Bus		B433 (Zubringer), A7
Hannover	S-Bahn, Bus		B522, A352, Zubringer: A2, A7

---

[14] Quelle: IVG 2011, S.1 nach DLR 2010, S.150.

Köln/Bonn	S-Bahn, Regionalbahn, Bus	IC/ICE	A59
Leipzig/Halle	Regionalbahn, S-Bahn	IC/ICE	B6, A9, A14
München	S-Bahn, Bus		B11, A92
Nürnberg	U-Bahn		B4, A3
Münster/ Osnabrück	Bus		B475, A1
Saarbrücken	Bus		A6 (5 km entfernt)
Stuttgart	S-Bahn		B27, A8

Tabelle 5: Verkehrsanbindung der Flughäfen[15]

Am einfachsten und günstigsten ist eine Anbindung an die Straßenbahn. Mit ihr und der U-Bahn wird besonders für die Beschäftigten eine optimale Anbindung geschaffen. Dies ist auch die am weitesten verbreitete Form. Im Vergleich zur Anbindung an Straße und U-Bahn vergrößert eine Anbindung an das Bahnnetz das Einzugsgebiet signifikant. Dadurch erhöht sich die Zahl der potentiellen Passagiere und Kurzstreckenflüge können substituiert werden (Sterzenbach et al. 2010, S.181f.). Nach DROß/THIERSTEIN (2008, S.12) sollten Hubs auch an das europäische Hochgeschwindigkeitsnetz angeschlossen sein, um ihre Rolle als intermodaler Knotenpunkt innerhalb Europas und der jeweiligen Metropolregionen im Besonderen gerecht werden zu können. Wie man an Abbildung 13 erkennt, sind in Deutschland die Flughäfen Frankfurt und Köln/Bonn bisher am besten intermodal erschlossen, München hingegen hat noch sehr großen Nachholbedarf.

---

[15] Quelle: Eigene Darstellung in Anlehnung an Sterzenbach (2009, S.176) nach BMVBM 2003, Jansen 2000, ergänzt um Angaben aus Beckmann et al. (2010, S.18), Flughafenkonzept der Bundesregierung (2009, S.18) und den Homepages der Flughäfen.

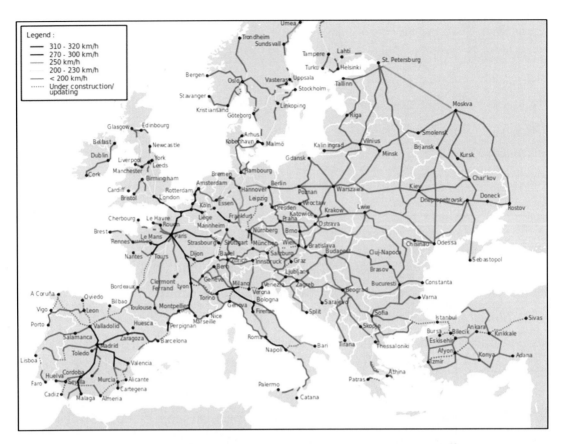

Abbildung 13: Hochgeschwindigkeitsstreckennetz in Europa[16]

Eine Studie von Intraplan aus dem Jahr 2007 kommt zu dem Ergebnis, dass durch die Optimierung der Verknüpfung von Flug- und Bahnverkehr (Fern- und Regionalanschluss) rund 6,5 Mio. Originär-Flugpassagiere pro Jahr aus dem umliegenden Ausland gewonnen werden könnten.

Das durch bessere Anbindung an den Schienenverkehr entstehende Potential wird wohl nicht so schnell genutzt werden können, da die Einführung der Luftverkehrssteuer zum 1.1.2011 die Nachfrageentwicklung deutlich gebremst hat.

3.3 Steuern

Die Arbeitsgemeinschaft Deutscher Verkehrsflughäfen (ADV) hatte lange vor Einführung der Luftverkehrssteuer vor den negativen Auswirkungen gewarnt und prognostizierte einen Rückgang der Passagierzahlen um 4,5% bis 4,8% (Flughafen Erfurt GmbH 2010, S.5). Dies trat gemäß der ADV-eigenen Monatsstatistik zwar nicht ein,

---

[16] Quelle: Akwa 2011, Stand: 30.12.2011.

diese Statistik lässt aber erkennen, dass kleinere und mittlere Flughäfen viel stärker betroffen sind als die großen Hubs (Anhang II). Dies liegt zum einen daran, dass an diesen Flughäfen verstärkt Low Cost Carrier aktiv sind, die die Steuer schlecht an ihre Kunden weitergeben können. Zum anderen sind diese Airports Spokes, also Zubringer, die v.a. innerdeutsche Flüge bedienen. Die Passagiere müssen also für Hin- und Rückflug Steuer zahlen. Die Luftverkehrssteuer ist wie in Abbildung 14 dargestellt, entfernungsabhängig.

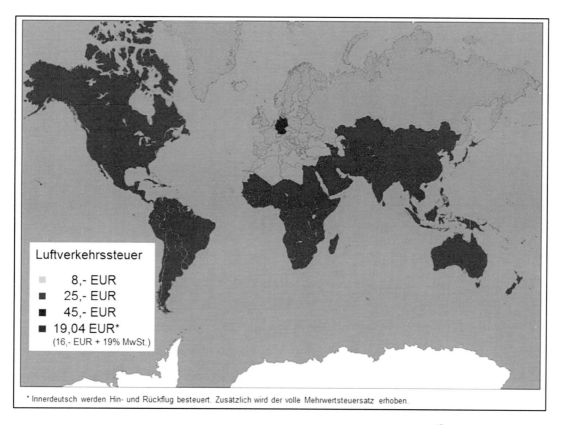

* Innerdeutsch werden Hin- und Rückflug besteuert. Zusätzlich wird der volle Mehrwertsteuersatz erhoben.

Abbildung 14: Entfernungsabhängige Luftverkehrssteuer[17]

Nach GINTEN hat diese Steuer der BRD zwar die erhofften 995 Millionen Euro eingebracht, aber das Wachstum des deutschen Luftverkehrs wurde spürbar gebremst. Seit dem 1.1.2012 gelten neue Steuersätze für Abflüge von deutschen Airports. Kurzstrecken (bis 2.500 km) kosten laut Tarif nun 7,50 €, Mittelstrecken (2.500 – 6.000 km) 23,43 € und Langstrecken (> 6.000 km) 42,18 €. Dies ist aber der Einführung des EU-weiten Handels mit CO_2-Verschmutzungszertifkaten (voraussichtlich ab Juni 2012) geschuldet und nicht dem Aufschrei der Luftverkehrsbranche. Die

---

[17] Quelle: http://www.adv.aero/arbeitsgebietethemen/verkehrkapazitaeten/verkehrsdaten01000/, Abruf vom 11.03.2012.

innerdeutschen Flüge sind weiterhin am stärksten belastet, da Hin- und Rückflug besteuert werden und zusätzlich der volle Umsatzsteuersatz von derzeit 19% geschuldet wird. Bereits in anderen europäischen Ländern wurde versucht durch Steuern eine Reduktion von CO_2 durch Luftverkehr zu erreichen. In den Niederlanden wurde die sog. „Eco-Tax" im Jahr 2008 eingeführt. Der Fiskus nahm hierdurch 300 Millionen Euro ein, der volkswirtschaftliche Schaden belief sich auf 1,3 Milliarden Euro, u.a. weil viele Passagiere auf nahe gelegene deutsche Flughäfen ausgewichen waren (Flughafen Köln/Bonn GmbH 2010, S.25). Nach einem Jahr wurde diese Steuer wieder abgeschafft. In Deutschland gibt es derzeit keine erkennbaren Abschaffungstendenzen.

Der Staat beeinflusst die Flughäfen und deren Umfeld allerdings nicht allein durch Steuern, sondern auch durch seine Planung.

3.4 Planung

Der Bund hat seine Genehmigungsbefugnis hinsichtlich Flughafen-Planungen an die Bundesländer delegiert. Diese nutzen hierfür das Instrumentarium des Landesentwicklungsplanes (LEP). Ein wichtiger Punkt ist das Nichtbeeinträchtigungsgebot. Es muss überprüft werden, ob der am Flughafen angebotene Einzelhandel regionalverträglich ist, d.h. ob es negative Auswirkungen auf den Einzelhandelsbestand der nahe liegenden Stadt- und Ortskerne gibt. Dies ist besonders wichtig, da durch die bestehenden Ladenschlussausnahmen an Flughäfen Wettbewerbsverzerrungen entstehen können (IHK Koblenz 2010).

Die Expansion eines Flughafens oder ein Neubau sind nicht nur sehr flächenintensiv, sondern es bedeutet zugleich mehr Flugbewegungen, Lärm und Emissionen. AIRBUS (2011, S.39) stellt in seinem aktuellen Global Market Forecast heraus, dass in den Westlichen Ländern die Schnelligkeit der Akzeptanz einer Flughafenerweiterung in erster Linie von folgenden vier Faktoren abhängt:

1. Einstellung der Bevölkerung gegenüber dem Luftverkehr,
2. Lage und Größe des Flughafens,
3. Beteiligungsniveau (an der Planung),
4. Möglichkeiten intermodaler Substitution.

Der erste Punkt dieser Aufstellung ist besonders vom Wohlstand der Bevölkerung abhängig. Je wohlhabender die Betroffenen, desto mehr Widerstand leisten sie. Hinsichtlich des Beteiligungsniveaus wurde im ersten Quartal 2012 vom Bundeskabinett der Entwurf für das sogenannte „Gesetz zur Verbesserung der Öffentlichkeitsbeteiligung und Vereinheitlichung von Planfeststellungsverfahren" (PlVereinhG) beschlossenen. Die Gesetzesnovelle soll gewährleisten, dass die Öffentlichkeitsbeteiligung bereits vor dem eigentlichen Verwaltungsverfahren beginnt und somit ein möglichst großer Personenkreis erreicht wird. Widerstände aus der Bevölkerung sollen früher erkannt und Massenproteste vermieden werden (Immobilien Zeitung 2012, S.13).

Aktuell haben die beiden Hubs Frankfurt und München eben diese Probleme zu bewältigen. Beide Flughäfen wollen eine dritte Start- und Landebahn bauen bzw. in Betrieb nehmen. In München wurden bis Anfang März diesen Jahres 34.000 Unterschriften gesammelt – jetzt wird am 17.6.2012 im Rahmen eines Bürgerbegehrens von den Münchnerinnen und Münchnern abgestimmt, ob sie die Startbahn ablehnen oder nicht. In Frankfurt wurde die Startbahn bereits in Betrieb genommen. Seitdem finden regelmäßig Montagsdemonstrationen im Terminal statt, um die Schließung Landebahn zu erreichen.

Den benachbarten – viel kleineren Flughäfen – kommen die aktuellen Entwicklungen in München und Frankfurt entgegen, denn sie stehen im direkten Wettbewerb zu ihnen und anderen nahe liegenden Flughäfen.

3.5   Wettbewerb der Flughäfen

Die Gründe für den Wettbewerb der Flughäfen untereinander sind kongruent zu den Gründen für sinkende Einnahmen im Aviation-Bereich (Lehmann-Tolkmitt, 2004, S.169-175). Die Flughäfen waren früher unter dem Deckmantel des staatlichen Schutzes gestanden und haben daraufhin versäumt ihre Kosten zu senken und die Gewinne zu steigern. Die BOSTON CONSULTING GROUP zeigte 2004 (S.21) dass durch erhöhte Effizienz die operativen Kosten im Durchschnitt um 20-30% abgesenkt werden könnten. Die Privatisierungsbestrebungen haben ein stärkeres Gewinnstreben der Airports entfacht. Der Wettbewerb wird zusätzlich durch die sich überlappenden Einzugsbereiche (auch über die Landesgrenze hinaus) verstärkt. Die Flughafendichte in Deutschland ist so hoch wie sonst nur in Ländern mit besonderen geographischen Voraussetzungen wie Gebirgen oder Insellage. SCHULZ ET AL. (2010, S.20) stellten fest, dass rund 64% der Bundesbürger in weniger als einer Stunde einen internationalen Verkehrsflughafen erreichen können. Bei einer Anreisezeit bis 90 Minuten erreichen 90% der Deutschen einen dieser 16 Flughäfen.

Ein weiterer Faktor, der den Wettbewerb der Flughäfen untereinander verstärkt und gleichzeitig zu sinkenden Einnahmen im Aviation-Bereich führt, ist die Bildung von Allianzen der Fluggesellschaften.

3.6 Allianzen

Nach LEHMANN-TOLKMITT (2004, S.127) waren die Fluggesellschaften die Ersten, die die Auswirkungen der Globalisierung zu spüren bekamen. Durch die Liberalisierungsmaßnahmen in Europa und die Open-Skies-Abkommen[18] mit den USA wuchs die Nachfrage nach Luftverkehrsdienstleistungen. Dies und die Tatsache dass die National Carrier[19] am Weltmarkt sehr geringe Marktanteile besaßen, also kaum globale Marktpräsenz zeigen konnten, führten dazu, dass sich Allianzen bildeten.

Das System der Allianzen hat sich inzwischen etabliert, vorzugsweise im Hinblick auf die stetig wachsende Konkurrenz durch Billigfluglinien, sie sog. Low-Cost-Carrier (LCC) wie Ryanair, Easyjet oder Air Berlin. Laufend schließen sich neue Gesellschaften durch Code-Sharing[20], Franchising oder Beitritt den Allianzen an. Eine Folge hiervon ist die Marktaufteilung zu Gunsten dieser Systeme. In Abbildung 15 wird die Aufteilung des Luftverkehrsmarktes für Deutschland im Jahr 2010 dargestellt. Vorteile für Fluggesellschaften, die in Allianzen organisiert sind, sind eine Verbesserung der Wettbewerbsfähigkeit, die Reduzierung von Kosten (z.B. bei Kerosin, Ersatzteilen, Nutzung von Flughafen-Lounges etc.) und eine gestärkte Verhandlungsmacht gegenüber den Flughäfen (Ders. 2004, S.130-132). So konnte nach BOCHUM/MEIßNER (2006, S.2) die Deutsche Lufthansa (Mitglied der Star Alliance) im Jahr 2005 eine Senkung der Gebühren bei den Bodenverkehrsdiensten am Frankfurter Flughafen um 25% durchsetzen.

---

[18] Durchführung von Flügen in die USA von jedem europäischen Flughafen aus, ohne Einschränkung im Hinblick auf Anzahl der Flüge, Flugzeuge oder Strecken mit marktabhängigen Preisen (Beschluss 2007/339/EG); www.europa.eu

[19] Lufthansa für Deutschland, British Airways für Großbritannien etc.

[20] Von unterschiedlichen Airlines werden einzelne Flüge unter einer eigenen Flugnummer vermarket, obwohl es sich faktisch um den immer gleichen Flug handelt.

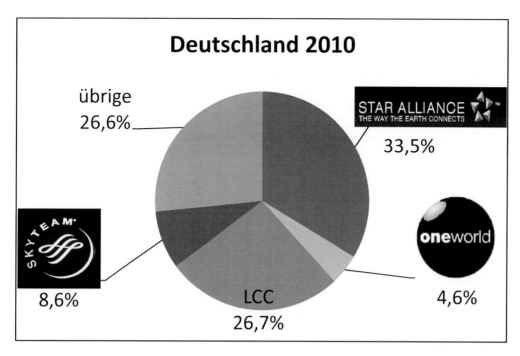

Abbildung 15: Allianzen und Low-Cost-Carrier 2010 in Deutschland[21]

Die mit 33,5% in Deutschland am stärksten vertretene Allianz ist die Star Alliance. Sie wurde 1997 von den Gründungsmitgliedern Air Canada, Lufthansa, SAS, Thai Airways International und United Airlines gegründet und hat derzeit 27 Mitglieder. Die Skyteam-Allianz, mit 8,6% am zweitstärksten, wurde im Jahr 2000 von Delta Airlines und Air France gegründet und hat zwischenzeitlich 15 Mitglieder. Die bisher am wenigsten in Deutschland vertretene Allianz ist oneworld. Sie wurde 1999 von den Fluggesellschaften American Airlines, British Airways, Canadian Airlines, Cathay Pacific und Qantas gegründet. Derzeit hat sie zwölf Mitgliedsfluggesellschaften (Sterzenbach et al. 2009, S.286-287).[22]

Im folgenden Abschnitt wird nun der Markt der Billigfluganbieter näher untersucht, der neben den Allianzen inzwischen einen beachtlichen Anteil am deutschen Flugmarkt erreicht hat.

---

[21] Quelle: Eigene Darstellung in Anlehnung an DFS 2010, S. 42.

[22] Die derzeitigen Mitgliedsfluggesellschaften werden ausführlich in

Anhang III dargestellt.

3.7 Low-Cost-Carrier

Im Jahr 2010 betrug der Anteil der Low-Cost-Carrier am Luftverkehrsmarkt in Deutschland 26,7%, neun Jahre zuvor lag der Wert noch bei 4,7% (DFS 2010, S.42). Teilweise gestalten die Airlines ihr Flugangebot sehr unterschiedlich, weshalb die Einordnung in das Segment LCC schwierig sein kann. Es gibt nur wenige eindeutige Abgrenzungsmerkmale, wie z.B. den niedrigen Preis, die generelle Verfügbarkeit der Angebote und den Direktvertrieb über das Internet (Berster 2011, S.2).

Die Verfasser des LOW COST MONITOR 2/2011 klassifizieren 19 auf deutschen Flughäfen tätige Airlines, die ganz oder zum Teil Low Cost Flüge anbieten (Anhang IV). Die sechs größten Airlines vereinen rund 95% der Marktanteile auf sich. In der vom DFS ausgewerteten Juliwoche entfielen 49% der Flüge auf Air Berlin, gefolgt von Germanwings (20%), Ryanair (12%), Easyjet (8%), Intersky (2%) und flybe (2%).

Nach BRUST (2005, S.28) verdanken die LCC ihren Erfolg dem einfachen Konzept, das optimal auf die Bedürfnisse ihrer Kunden zugeschnitten ist:

1. **Einfaches Produkt:** Es gibt keine oder nur kostenpflichtige Bordverpflegung, in den Flugzeugen herrscht eine höhere Sitzdichte. Platzreservierungen sind nicht möglich oder kostenpflichtig, es gibt weder Vielfliegerprogramme noch Lounges.

2. **Direktverbindungen**: Teilweise werden nur Regionalflughäfen genutzt und es herrscht direkter Wettbewerb zu anderen Verkehrsmitteln wie Bahn oder Pkw.

3. **Niedrige operative Kosten:** Nachfolgend die Kostenvorteile eines Billigfliegers auf Kurzstrecken gegenüber konventionellen Fluggesellschaften:

		Kostenvorteil in %
Operative Vorteile	Höhere Sitzdichte	16
	Höhere Auslastung der Sitze	3
	Niedrigere Crewkosten	3
	Billigere Flughäfen	6
	Einheitliche Flotte	2
Produkt- und Servicevorteile	Weniger Passagierbetreuung	10
	Bordverpflegung gegen Geld	6
Marketingvorteile	Keine Verkaufsprovision	8
	Weniger Verkaufsaufwand	3
Sonstige Vorteile	Schlankere Verwaltung	2
SUMME		59

Tabelle 6: Kostenvorteile Low-Cost-Carrier ggü. konventioneller Airlines[23]

---

[23] Quelle: Lehmann-Tolkmitt (2004, S.139) nach Doganis (2001, S.150).

Der Anteil der Low-Cost Fluggesellschaften an den in dieser Arbeit betrachteten Flughäfen variiert deutlich und liegt zwischen 3% (Frankfurt am Main) und 86% (Berlin Schönefeld), wie in Tabelle 7 aufgezeigt wird.

Flughäfen		Gesamt	LCC	Anteil % LCC
Berlin-Schönefeld	SFX	3.347	2.867	85,7%
Köln/Bonn	CGN	4.358	3.099	71,1%
Münster/Osnabrück	FMO	578	377	65,2%
Bremen	BRE	1.203	688	57,2%
Nürnberg	NUE	1.949	1.113	57,1%
Erfurt	ERF	122	66	54,1%
Saarbrücken	SCN	184	92	50,0%
Hannover	HAJ	2.400	1.140	47,5%
Berlin-Tegel	TXL	7.926	3.716	46,9%
Stuttgart	STR	4.276	1.992	46,6%
Dresden	DRS	867	399	46,0%
Düsseldorf	DUS	9.330	3.587	38,4%
Hamburg	HAM	6.351	2.374	37,4%
Leipzig/Halle	LEJ	780	284	36,4%
München	MUC	17.870	2.994	16,8%
Frankfurt	FRA	26.463	854	3,2%
		88.004	25.642	**29,14%**

Tabelle 7: Low-Cost Passagiere nach Flughäfen (in Tsd.) im 1. HJ 2011[24]

Besonders für die Flughäfen mit einem hohen Anteil an Low-Cost-Airlines ist die Ausgangssituation bei Preisverhandlungen schwierig. Wie im geschilderten Fall der Lufthansa am Flughafen Frankfurt, nutzen die LCC ihre Position um die Flughafen-gebühren und Kosten bei den Bodenverkehrsdiensten zu drücken.

---

[24] Quelle: In Anlehnung an Berster 2011, S.12.

3.8 Bodenverkehrsdienste

Die Gebühren für Bodenverkehrsdienste (Ground Handling) waren gemeinsam mit den Start- und Landegebühren die klassischen Einnahmequellen der Flughäfen. Im Jahr 1996 fand mit der EU-Richtlinie 97/67/EG eine Liberalisierung dieses Bereichs statt. Seitdem gelten Mindeststandards für die Öffnung des Marktes für Bodenverkehrsdienste (Sterzenbach et al. 2009, S.183-185):

Flughäfen mit weniger als 1 Mio. Passagieren pro Jahr haben keinerlei Vorgaben, bei mehr als 1 Mio. und weniger als 2 Mio. Passagieren ist die Begrenzung auf zwei sog. Selbstabfertiger erlaubt. Bei mehr als 2 Mio. Passagieren pro Jahr ist die Begrenzung auf zwei Drittabfertiger – also unabhängige Dienstleister - möglich. Selbstabfertigung bedeutet, dass die Luftverkehrsgesellschaften für ihre eigenen Flüge alle Bodenverkehrsdienstleistungen erbringen. Dazu gehört:

- Fluggastabfertigung,
- Gepäckabfertigung,
- Vorfelddienste (v.a. Lotsentätigkeit, Be- und Entladen und Bewegung des Flugzeugs, Ein- und Ausladen von Bordverpflegung),
- Reinigungsdienste,
- Flugzeugservice (v.a. Enteisung),
- und weitere.

Durch die Öffnung des Marktes für Bodenverkehrsdienste entstand ein starker Wettbewerb in Folge dessen die Einnahmen im Aviation-Bereich weiter sanken.

3.9 Weitere Faktoren

Neben den bisher genannten Faktoren gibt es noch weitere, die das Unternehmen Flughafen beeinflussen. Hierzu gehören auch die neuen Informations- und Kommunikationstechnologien (IuK). Lange Zeit wurde befürchtet, dass Medien wie das Video Conferencing die Zahl der Geschäftsreisen sinken lässt. Dieser Verdacht lässt sich bisher nicht bestätigen – moderne Kommunikationsmittel führten zur Ausweitung der internationalen Arbeitsteilung, so dass sich der Reisebedarf erhöht hat. Insgesamt entstand ein ausgewogenes Verhältnis.

Ein stark limitierender Faktor ist hingegen die Kapazität der einzelnen Flughäfen. Besonders die beiden Hubs München und Frankfurt haben kaum freie Kapazitäten um noch mehr Starts und Landungen durch zu führen. Dadurch können die Einnahmen im Aviation-Bereich nicht mehr erhöht werden, es müssen Alternativen zur Erlössteigerung gefunden werden.

Weder beeinflussbar, noch plan- oder kalkulierbar sind die Punkte Terror, Krankheit und Naturgewalten, die alle Airports betreffen. Fast jährlich ereignet sich eine Katastrophe, die in eine der genannten Kategorien fällt. Im Jahr 2001 wurde durch die Anschläge auf das World Trade Center der weltweite Flugverkehr lahm gelegt, 2003 durch die SARS-Epidemie und zuletzt im Jahr 2010 durch den Ausbruch des isländischen Vulkans Eyjafjallajökull. Nahezu jeder Geschäftsbericht der untersuchten deutschen Flughäfen für das Jahr 2010 enthielt eine Kalkulation wie viele Millionen Euro Einnahmenverlust der Flughafen durch das tagelange Flugverbot erlitten hatte.

Alle die in diesem Kapitel vorgestellten Einflussfaktoren zeigen eindrucksvoll wie immanent wichtig es für die Airports ist, sich neben den Einnahmen des Aviation-Bereichs auch Einnahmen durch Non-Aviation-Aktivitäten zu sichern. Das Portfolio angebotener Leistungen kann mit Einzelhandel, Vermietung von Gewerbeflächen, Parken und noch vielen weiteren Geschäftsfeldern diversifiziert werden. Hierdurch kann ein gleichmäßigerer Einnahmenstrom erzeugt werden. Dies schafft deutlich mehr Planungssicherheit für alle Akteure.

Im nächsten Abschnitt werden Vergangenheit, Gegenwart und die Zukunft der Flughäfen im Hinblick auf Passagierentwicklung und Kennzahlen beleuchtet.

4 Allgemeine Situation deutscher Flughäfen mit Fokus auf Kennzahlen

In diesem Kapitel werden das Gestern - Heute - Morgen des Flugverkehrs und insbesondere der deutschen internationalen Verkehrsflughäfen näher erläutert.

4.1 Vergangenheit

Die Entwicklung des Passagierverkehrs hängt stark vom Wohlstand der Bevölkerung ab. Je höher das reale Einkommen der Bewohner eines Landes ist, desto öfter pro Jahr nutzen Sie das Flugzeug als Verkehrsmittel, entweder für Privat- oder Geschäftsreisen. Abbildung 16 zeigt den State-of-the-art des Jahres 2010. Wenn man China als Vertreter der Emerging Markets[25] betrachtet, wurden hier pro Jahr durchschnittlich 0,2 Flüge pro Kopf bei einem Durchschnittseinkommen von 2.000,- USD absolviert. In der Schweiz – wo das Pro-Kopf-Einkommen bei über 52.000,- USD pro Jahr liegt werden drei Flüge pro Jahr unternommen. Deutschland ist in den Top-15 mit einem Einkommen von 39.000,- USD und knapp einem Flug pro Jahr vertreten.

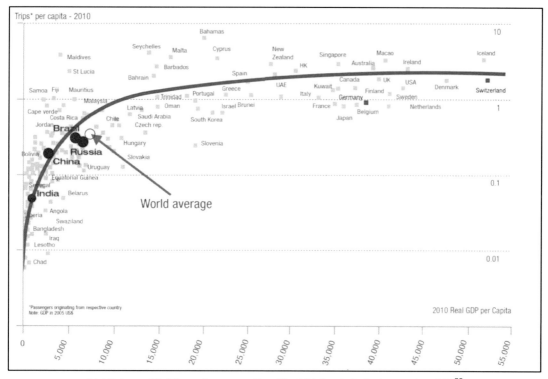

Abbildung 16: Flugreisen pro Kopf in Abhängigkeit des realen BIP[26]

---

[25] Wachstumsmärkte wie beispielsweise die sog. BRIC-Staaten: Brasilien, Russland, Indien und China.
[26] Quelle: Airbus 2011, S.8 nach IATA PaxIS, Global Insight und Airbus.

Vergleicht man die jährlichen Wachstumsraten des globalen Bruttoinlandprodukts (englisch: *Gross Domestic Product – GDP*) mit den Sitzplatzkilometern (*Revenue Passenger Kilometers – RPK*), der offiziellen Messgröße des Luftverkehrs, wie in Abbildung 17, ist erkennbar, dass diese beiden Kennzahlen sich tendenziell gleich entwickeln. Auffällig ist, dass die Wachstumsrate der Sitzplatzkilometer viel stärker schwankt als das durchschnittliche BIP. Möglicherweise werden bei extremen Konjunkturumbrüchen besonders die Langstreckenflüge beeinflusst, die sich stark auf die verkauften Sitzplatzkilometer auswirken.

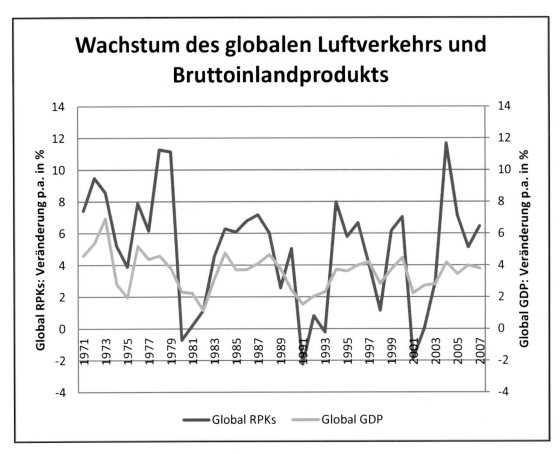

Abbildung 17: Veränderungsraten des Globalen BIP & der Sitzplatzkilometer[27]

Interessant ist in diesem Zusammenhang auch die Dynamik der weltweiten absoluten Passagierzahlen. Diese stiegen von einer halben Billion Passagiere in den 1970er Jahren auf über 4,7 Billionen Passagiere pro Jahr in 2010. Bei einem Vergleich der Entwicklung der Passagierzahlen Deutschlands[28] mit der Welt, wie in

---

[27] Quelle: In Anlehnung an IATA 2008, S.8 nach ICAO, EIU, IATA.

[28] In dieser Darstellung handelt es sich um Näherungswerte. Das statistische Bundesamt erfasst lediglich die Einsteiger ins Inland und ins Ausland. Diese Zahl wurde verdoppelt. Nicht berücksichtigt werden hingegen Transferpassagiere.

Abbildung 18, sieht man, dass diese nahezu gleich verläuft. Der stetige Trend nach oben wurde durch einschneidende Ereignisse, wie Ölkrisen, die Anschläge auf das World Trade Center und zuletzt die Finanzkrise gebremst, aber nicht aufgehalten. Die Nachfrageeinbrüche dauerten zwischen ein und drei Jahren, die Erholung im Anschluss war durch nachfragestarke Jahre mit Wachstumsraten wie vor der Krise gekennzeichnet (Zock/Cronrath 2008, S.43).

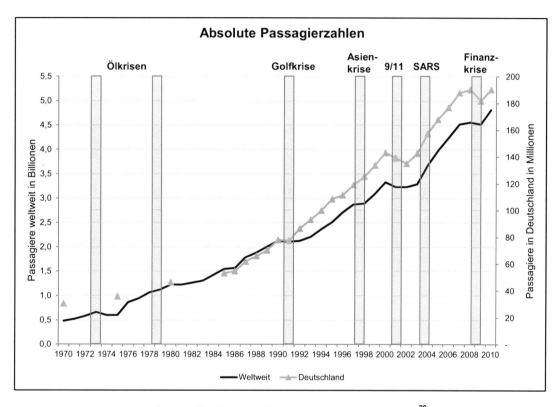

Abbildung 18: Absolute Passagierzahlen 1970-2010[29]

Aber nicht nur die Passagierzahlen unterliegen tiefgreifenden Veränderungen, sondern auch die Einnahmequellen der Flughäfen. In Kapitel 0 wurden verschiedene Einflussfaktoren untersucht, die gemeinschaftlich dazu beitragen, dass die Aviation-Einnahmen[30] sinken. Abbildung 19 zeigt die Entwicklung der Umsatzstruktur deutscher Flughäfen von 1975 bis 1999 und von 2006 bis 2010. In den 1970er bis 80er Jahren waren besonders die Lande- und Abstellgebühren, sowie die Gebühren für Bodenverkehrsdienste für die Einnahmen der Flughäfen verantwortlich. Seit der Marktöffnung für Bodenverkehrsdienste im Jahr 1996 sinken auch diese stetig. Die starke Diskrepanz der BVD-Einnahmen zwischen 1999 und 2006 ist allerdings auf

---

[29] Quelle: Eigene Abbildung in Anlehnung an Airbus 2011, S. 5 (nach ICAO), sowie Destatis 2010.

[30] Weiteres zur Abgrenzung Aviation und Non-Aviation ist in Punkt 0 zu finden.

eine andersartige Abgrenzung der Entgeltkomponenten zurückzuführen. Seit 2006 wird nach Aviation und Non-Aviation-Umsätzen unterschieden. Aviation umfasst dabei richtigerweise auch alle Entgelte für Landung-, Passagiere- und Sicherheit. Diese wurden in früheren Jahren irrtümlich den Bodenverkehrsdiensten zugerechnet.

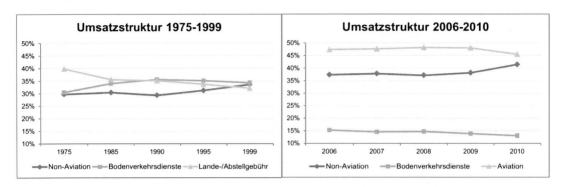

Abbildung 19: Umsatzstruktur dt. Flughäfen von 1975-1999, 2006-2010[31]

An der stetigen Steigung der Non-Aviation-Einnahmen von 29,7% im Jahr 1975 auf 41,4% im Jahr 2010 hat die Neuordnung der Abgrenzung nichts geändert. Beim Vergleich dieser Kennzahl auf internationaler Ebene ist aber Vorsicht geboten. Viele ausländische Flughäfen zählen die Bodenverkehrsdienste fälschlicherweise zum Non-Aviation-Bereich.

Mit zunehmender Größe eines Airports wird der Non-Aviation-Bereich immer wichtiger. Je mehr Passagiere und andere Kundengruppen wie Beschäftigte, Meeters & Greeters, Abholer etc. sich auf dem Flughafengelände aufhalten, desto interessanter wird der Standort für Einzelhändler, Gastronomen und flughafenaffine Betriebe (Schulz et al. 2010, S.50-51). Hierauf wird in Kapitel 5 noch näher eingegangen.

Nach der Darstellung des historischen Hintergrunds folgt nun die aktuelle Situation der deutschen internationalen Flughäfen.

---

[31] Quelle: Lehmann-Tolkmitt 2004, S.194 nach ADV Jahresbericht 2000, S.14; Expertengespräch mit Bernhard Persch (ADV) am 13.04.2012.

4.2 Gegenwart

Die wirtschaftliche Bedeutung wird nicht allein durch das jährliche Passagieraufkommen geprägt. Es gibt eine Fülle von Merkmalen, die die Struktur des Luftverkehrs und damit die Bedeutung von Airports bestimmen:[32]

- Flugbewegungen (=alle Starts und Landungen),
- Passagieraufkommen,
- Lage zu wirtschaftlich leistungsfähigen Regionen,
- Gebührenstruktur und Kapazitäten (=Länge der Start- und Landebahn, Fas-
  sungsvermögen des Terminals)[33],
- Dichte des Streckennetzes und Bedeutung der Destinationen,
- Luftfrachtaufkommen/Luftpostaufkommen.

Einige der tatsächlich messbaren, genannten Merkmale werden nachfolgend gezeigt
(Stand: 31.12.2010):

	Flugbewe-gungen	Passagiere (in Mio.)	Flugziele (Länder)	Airlines	Luftfracht-&Post (in t)
SXF	76.595	7,30	171	88	9.579
TXL	158.570	15,03	(52)		22.117
BRE	46.412	2,60	50	17	539
DRS	35.324	1,85	54 (17)		379
DUS	215.544	18,98	184 (70)	72	88.164
ERF	9.499	0,32	2 (2)	7	2.628
FRA	464.400	53,00	246 (112)	106	2.307.792
HAM	138.060	12,96	115	60	27.330
HAJ	75.833	5,06	110		16.240
CGN	134.400	9,85	125 (30)	35	656.120
LEJ	62.247	2,35	50 (16)	16	663.060
MUC	367.760	34,70	242(69)	100	301.647
FMO	38.309	1,31	65	14	131
NUE	70.778	4,07	60		9.683
SCN	16.245	0,49	8 (4)[34]	7	143
STR	135.335	9,23	>100	55	31.105
	2.045.311	179,1			**4.136.657**

Tabelle 8: Strukturmerkmale zum 31.12.2010[35]

---

[32] Santin 2000, S.55-56 nach Maier/Atzkern 1992, S.89.

[33] Sterzenbach et al. 2009, S.170-171.

[34] Quelle: Sommerflugplan 2012, abgerufen am 7.4.2012 – nur Direktziele ab SCN.

Es lässt sich deutlich erkennen, dass – obwohl alle 16 Flughäfen die Bezeichnung „internationaler Verkehrsflughafen" tragen, die Größenverhältnisse stark voneinander abweichen. Frankfurt und München sind mit Abstand die passagierstärksten Flughäfen. Auch im Bereich der Luftfracht und Post nimmt Frankfurt den Spitzenplatz ein. Mit knappen 70 % geringerem Volumen folgen dann Leipzig-Halle und Köln-Bonn. Nicht nur durch die Strukturmerkmale, sondern auch durch betriebswirtschaftliche Kennzahlen verdeutlicht sich die Diskrepanz zwischen den einzelnen Airports:

	Mitarbeiter	EK-Quote	Bilanzsumme (in Mio.)	Umsatz (in Mio.)	Kapitalum-schlag
SXF	958	45,80%	2.219,87	506	0,23
TXL[36]	510				
BRE	230	57,44%	143,96	38,924	0,27
DRS	226	72,95%	249,98	41,562	0,17
DUS	2.309	14,62%	1.144,71	404,4	0,35
ERF	127	27,58%	94,09	7,153	0,08
FRA	11.122	33,03%	7.344,80	1.736,4	0,24
HAM	1.619	12,97%	491,74	248,6	0,51
HAJ	698	31,60%	299,72	135,7	0,45
CGN	1.769	31,90%	767,30	270,1	0,35
LEJ	367	42,20%	869,80	87,2	0,10
MUC	4.252	22,20%	3.894,20	1.081	0,28
FMO	332	21,90%	122,81	35,8	0,29
NUE	997	24,13%	225,66	96,621	0,43
SCN	130	20,94%	51,95	9,085	0,17
STR	958	72,00%	573,10	220,9	0,39

Tabelle 9: Betriebswirtschaftliche Kennzahlen Stand 31.12.2010[37]

Alle Kennzahlen zeigen erhebliche Schwankungen. Die Zahl der Mitarbeiter schwankt zwischen 127 (Erfurt) und 11.122 (Frankfurt). Die Eigenkapitalquote liegt zwischen 13% (Hamburg) und 72% (Stuttgart und Dresden) und sowohl die Bilanzsumme, als auch der Umsatz sind markant ungleich. Um die letzten beiden Kennzahlen besser vergleichen zu können, bildet man aus diesen die Rentabilitätskennziffer „Kapitalumschlag".

---

[35] Quelle: eigene Darstellung mit Zahlen gemäß den Geschäftsberichten der einzelnen Flughäfen, ergänzt um Zahlen für Fracht & Post aus der ADV-Monatsstatistik 12/2010.

[36] Viele Kennzahlen werden im Geschäftsbericht der Berliner Flughäfen nur kumuliert für SXF und TXL veröffentlicht.

[37] Quelle: Eigene Darstellung gemäß Geschäftsberichte der einzelnen Flughäfen, tlw. selbst berechnet.

Formel 1: Kapitalumschlag

$$Kapitalumschlag = \frac{Umsatz}{Gesamtkapital\ (EK + FK)}$$

Der Kapitalumschlag gibt die Umschlaghäufigkeit des Kapitals an. Ein Kapitalumschlag von 0,5 (der beste im Vergleich aus Tabelle 9) bedeutet, dass mit 1€ Kapital 0,50€ Umsatz erzielt worden sind[38]. SCHIERENBECK/LISTER identifizierten 2002 den Groß- und Einzelhandel als die Branchen mit dem höchsten Kapitalumschlag – mit Werten von 2,54 bzw. 2,45. Am schlechtesten Schnitt bei dem Vergleich die Chemische Industrie mit einem Wert von 1,04 ab[39]. Dieser Wert ist allerdings deutlich höher als der für die deutschen Flughäfen ermittelten Werte. Dies ist ein eindeutiges Indiz dafür, dass der Betrieb eines Flughafens sehr kapitalintensiv ist. Der Liquiditätsplanung sollte daher größte Bedeutung beigemessen werden.

Im vorhergehenden Abschnitt verdeutlichte Abbildung 19, dass sich die Umsatzstruktur tiefgreifend verändert hat. Statt wie früher überwiegend durch Landegebühren und Bodenverkehrsdienste Umsatz zu generieren, versuchen die Airports heute den Anteil der Non-Aviation-Umsätze zu erhöhen. Dies ist zu begrüßen, da viele Einflussfaktoren die Aviation-Umsätze sinken lassen (vergleiche Kapitel 0). Im folgenden Vergleich wird nun die aktuelle Situation (Stand: 31.12.2010) der deutschen Flughäfen hinsichtlich der Aufteilung von Aviation und Non-Aviation-Umsätzen untersucht. Für den Flughafen Bremen war es nicht möglich, geeignetes Zahlenmaterial zu beschaffen. Es lässt sich allerdings konstatieren, dass der Anteil der Landegebühren (zugehörig zum Aviation-Bereich) am Gesamtumsatz bei 31,85% lag.

---

[38] http://www.wirtschaftslexikon24.net/d/kapitalumschlag/kapitalumschlag.htm.
[39] S.125-126.

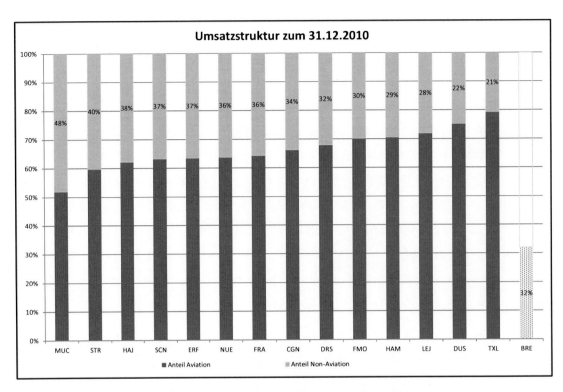

Abbildung 20: Umsatzstruktur zum 31.12.2010

Der Flughafen München generiert inzwischen fast die Hälfte seines Umsatzes mit Einnahmen aus dem Non-Aviation-Bereich. Gleichzeitig vermeldet er mit 15,60 Euro auch den höchsten Umsatz pro abfliegendem Passagier. Das Schlusslicht des Vergleichs sind die Flughäfen Berlins. Dies soll sich aber nach dem Willen von MINHORST demnächst ändern – für den derzeit im Bau befindlichen Flughafen Berlin-Brandenburg Willy Brandt (BER) ist ein Non-Aviation-Anteil von 47% geplant (Minhorst 2010, S.9).

Da Flughäfen für den Einzelhandel und die Gastronomie umso interessanter werden, je mehr Passagiere pro Jahr abfliegen, ankommen oder umsteigen, ist für die künftige Entwicklung der Umsätze die Prognose und tatsächliche Dynamik der Passagierzahlen von großer Bedeutung. Diese werden im folgenden Abschnitt vorgestellt.

4.3 Zukunft

Wie in Kapitel 0 gezeigt, hängt die Passagierentwicklung maßgeblich vom Wohlstand der Bevölkerung ab. Aus diesem Grund ist für die beiden Flugzeughersteller Boeing und Airbus die Vorhersage des Wachstums der Weltwirtschaft ein entscheidender Faktor. Für Prognosen der künftig benötigten Flugzeugflotte betreiben beide umfassende Analysen, die auszugsweise vorgestellt werden:

BOEING prognostizierte 2011 (S.3) in seinem „Current Market Outlook" folgende durchschnittlichen jährlichen Wachstumsraten für die Jahre 2010 bis 2030:

Ø Wachstum p.a.	Welt	Europa
Wirtschaft (GDP)	3,3	2,0
Flugverkehr (RPK)	5,1	4,3
Passagiere	4,2	

Tabelle 10: Wachstum 2010-2030

Die Prognosen von Airbus und ACI (Airports Council International) schätzen für die Jahre 2010-2029 ein durchschnittliches Verkehrswachstum von 4,8% bzw. 4,1% (Fraport 2011, S. 21). Die künftigen jährlichen Wachstumsraten werden bei weitem nicht mehr an die Werte der Vergangenheit heranreichen - das durchschnittliche Wachstum der RPK im weltweiten Luftverkehr betrug[40]

- 1950-1960:   14,5%
- 1960-1970:   13,5%
- 1970-1980:   10,9%
- 1980-1990:   5,7%
- 1990-2000:   4,8%.

Zwar ist weiterhin mit starkem Wachstum in den Emerging-Markets zu rechnen, da diese Länder großen Nachholbedarf haben, aber es gibt auch hemmende Faktoren, insbesondere den stark steigenden Ölpreis. In den Westlichen Ländern bremsen dazu die beschränkten Kapazitäten der Airports das Wachstum. Deutsche Flughäfen können also nur begrenzt am Wachstum anderer Länder partizipieren. Aus diesen Gründen muss das eigene Potential im Non-Aviation-Bereich optimal genutzt werden. Was hierbei beachtet werden muss und welche Anforderungen der Einzelhandel hat, wird nachfolgend dargelegt.

---

[40] Quelle: Deutsche Bank Research 2004, S. 8 nach ICAO.

5 Airport Retailing

Die BAA Limited gilt als Vorreiter bei der Erlösoptimierung durch Airport Retailing. Sie ist Betreiber und Besitzer von Flughäfen im Vereinigten Königreich und Betreiber von Flughäfen in der ganzen Welt.[41] Der Erlös der BAA durch Einzelhandel lag 1984 bei 30% und konnte bis zum Jahr 1995 auf 44% erhöht werden (Humphries 1996, S.5). Bis heute wird der Flughafen London Heathrow, der von BAA betrieben wird, als Paradebeispiel für optimierten Non-Aviation-Umsatz genannt.

Als die Geburtsstunde des Einzelhandels an Flughäfen wird oft die Eröffnung des ersten Duty-Free-Marktes am Flughafen Shannon in Irland im Jahr 1947 bezeichnet. Zu Beginn lag der Fokus des Einzelhandels auf den sog. CTN-Produkten (confectionary, tabacco, newspaper[42]). Heutzutage wird sehr viel Wert auf Gastronomie und Shopping-Möglichkeiten in verschiedenen Branchen gesetzt – jeweils in Abhängigkeit von der Zusammensetzung und Anzahl der Passagiere oder anderen Kundengruppen.

Das oberste Ziel der Flughafenbetreiber ist es, möglichst viel Fläche für Einzelhandel und Gastronomie zur Verfügung zu stellen und damit alle angesprochenen Kundengruppen möglichst lange am Flughafengelände zu halten. Regelmäßig kommt es zu einem Zielkonflikt, denn viele Fluggesellschaften fordern die Einhaltung der Minimum Connection Time (MCT), also den Mindest-umsteigezeiten. Je kürzer diese allerdings sind, desto geringer ist die Wahrscheinlichkeit, dass Passagiere konsumieren (Schulz et al. 2010, S.52).

Des Weiteren müssen noch andere Einflussfaktoren beachtet werden. Das Terminal, der Ort an dem sich die Kunden vor dem Abflug am längsten aufhalten, bietet eine Fülle von Möglichkeiten für die Einzelhändler, aber es gibt auch viele Herausforderungen – die Architektur des Gebäudes, die Abfertigungs- und Sicherheitsabläufe etc. Außerdem muss besonderes Augenmerk auf die Kaufmotive und psychische Verfassung der Passagiere gelegt werden, ebenso wie auf deren zeitlichen Begrenzung (Bowes 2002, S.2). Nachfolgend werden nun wesentliche Einflüsse auf das Airport Retailing erläutert:

---

[41] www.baa.com, Abruf vom 10.04.2012.
[42] Süßwaren, Zigaretten und Zeitschriften.

5.1 Angebotsstruktur

Die Angebotsstruktur eines Flughafens umfasst alles, was Flughafenbetreiber beeinflussen können. Hierzu zählen besonders der Branchenmix, die Anforderungen an Mitarbeiter bzw. Angestellte und die Architektur der Flughäfen. Hinsichtlich der Architektur ist es grundsätzlich schwierig die neuesten Erkenntnisse der Handelsforschung sofort umzusetzen – viele der deutschen internationalen Flughäfen wurden in den 1920er und 1930er Jahren erbaut und im Laufe der Zeit umgebaut und erweitert. Der erste Flughafen-Neubau nach dem Zweiten Weltkrieg war der Flughafen Nürnberg (1955), der „jüngste" Neubau stammt aus dem Jahr 1992 – der Flughafen München.[43] Durch die Kapazitäts- und insbesondere auch durch die Planungsbeschränkungen wird es zunehmend schwieriger in Deutschland neue Airports zu planen und zu bauen.[44] Deshalb sind die Flughafenbetreiber gezwungen die vorhandenen Strukturen optimal auszunutzen:

5.1.1 Architektur

Nach LANDES (2009, S.42-47) gibt es viele Einflussfaktoren auf kommerzielle Einnahmen, die mit der Architektur und Gestaltung von Flughafengebäuden zusammen hängen:

- Terminaltypen,
- Dimensionierung der Shops,
- Lage der Shops,
- Anordnung der Sortimente,
- Passagierwegeführung.

Die verschiedenen Terminaltypen wurden in Kapitel 0 vorgestellt. Es gibt das sog. Pier-, Satelliten-, Linear- und Transporter-Konzept. Die meisten Flughäfen nutzen eine Kombination der verschiedenen Terminalarten, um möglichst alle Vorteile nutzen zu können und die Nachteile zu minimieren. Lage und Größe der einzelnen Shops hängen von der zur Verfügung stehenden Gesamtfläche ab. Die Federal Aviation Authority (FAA) empfiehlt folgende Terminalflächenstandards für die Peak Hour, die Zeit mit der höchsten Anzahl an Passagieren auf dem Flughafengelände:

---

[43] Eigene Recherchen; Quellen: Homepages und Geschäftsberichte der Flughäfen.
[44] Mehr dazu in Kapitel 0.

- Gastronomie und Einkaufsbereiche: 2,1m² (pro Passagier),

- Abflugwartehalle: 1,8m²,

- Ticketschalter: 0,95m²,

- Besucher- und Ankunftsbereich: 1,5m².[45]

Um den Profit zu maximieren und die verfügbare Fläche optimal zu nutzen, muss jeder Shop am richtigen Ort platziert werden. JARACH entwickelte folgende Matrix, die die ideale Positionierung der verschiedenen Geschäfte nach Air- und Landside sowie Abflug- und Ankunftsbereich aufzeigt:[46]

Abflug – Landside	Abflug – Airside	Ankunftshalle
Delikatessen	Duty-Free	Apotheke
Bars/Restaurants/Food Court	Bars/Restaurants	Bars/Restaurants
Friseur	Geldwechsel	Info Point
Lokale Geschäfte	Uhren/Schmuck	Hotel-Information
Mode & Bekleidung		Banken
Zeitschriften/Bücher		Blumen
		Auto-Vermietungen

Tabelle 11: Ideale Platzierung von Shops, Airside vs. Landside

Es ist erkennbar, dass die gastronomischen Angebote in allen Bereichen des Flughafens ein wichtiger Bestandteil sind. Landside werden diese hauptsächlich von den Bringern und Abholern genutzt, Airside von Passagieren. Auch Low-Cost-Urlauber nutzen die Gastronomie, da das Angebot an Board oft eingeschränkt und kostenpflichtig ist (IVG, Bulwien Gesa, 2012, S.4). Airside sind Duty-Free und Travel-Value-Konzepte die wichtigsten Ankermieter. Landside bekleiden Supermärkte und Health & Beauty-Konzepte diese Position (Warschun, 2007, S.19).

Aber nicht nur die richtige Platzierung der Geschäfte, sondern auch die Passagierwegeführung ist für den Erfolg des Einzelhandels von entscheidender Bedeutung. Grundvoraussetzung ist dabei allerdings, dass der eigentliche Flugbetrieb und die Abläufe nicht gestört oder gar beeinträchtigt werden. Bereits 1991 untersuchte BRENDEL (in Doganis 1992, S.138) den Einfluss der Lage der Geschäfte auf die Kaufwahrscheinlichkeit der Passagiere. Er fand heraus, dass 40% der Passagiere in einem Geschäft einkaufen, wenn diese direkt hindurch gehen müssen. Falls sie nur

---

[45] Oechsle 2005, S.164.
[46] Jarach 2005, S.78 nach Jarach 2002.

daran vorbei gehen, liegt der Anteil der Käufer zwischen 20% im Bereich A und maximal 28% im Bereich B.

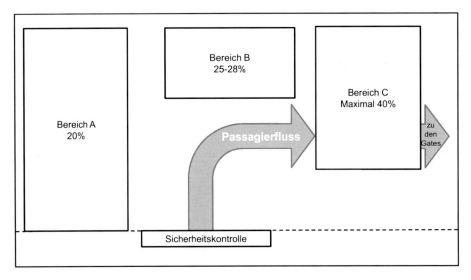

Abbildung 21: Einfluss der Lage auf Anteil der Käufe[47]

Aus dieser Erkenntnis entwickelten sich im Lauf der Jahre verschiedene Konzepte der Passagierwegeführung, die in Abhängigkeit von der Architektur und Flächenbeschaffenheit Anwendung finden (Schulz et al. 2010, S. 64-67):

a) Flow-Konzepte:

Sie versuchen durch bestimmte architektonische Gestaltungen Passagiere durch Shops zu führen. Ideal ist eine offene und einladende Form der Warenpräsentation. Es gibt drei Arten von Flow-Konzepten:

1) Non-direct-Flow:

Diese Form ist am wenigsten für Flughäfen geeignet; die Passagiere werden zwar durch das Geschäft geleitet, können sich aber nur unter großer Anstrengung einen Überblick über die vorhandenen Waren verschaffen. Die gegenüberliegenden Ein- und Ausgänge verleiten zudem zum schnellen Verlassen des Ladens.

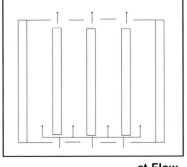

ct-Flow

---

[47] Eigene Abbildung in Anlehnung an Doganis 1992, S.138.

2) Direct-Flow:

Dieses Konzept ist besser für Flughä- fen geeignet. Die Fluggäste müssen einem fest vorgegebenen Weg durch den Shop folgen. Alle Waren können entlang des Weges präsentiert werden und somit die Kaufbereitschaft optimal nutzen.

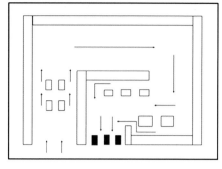

ow

3) Free Flow:

Dieses Konzept ist ideale Form für einen Airport. Es bietet die größtmögli- che Flexibilität hinsichtlich Flächen und Trends. Die Waren werden so prä- sentiert, dass alle Passagiere auf ihrem Weg zum Gate diese zwangsläufig passieren müssen – deshalb heißt dieses Konzept auch Walk-Through. Häufig findet man Walk-Through Konzepte unmittelbar im Anschluss an die Sicherheitskontrollen. Alle Rei- senden werden damit zu po- tentiellen Käufern, die Umsät- ze können dadurch um bis zu 25% gesteigert werden[48]. Eine optimale Warenpräsentation bietet hier noch zusätzliche Kaufanreize. Bisher findet die- se Konzeption in Deutschland noch keine Anwendung, aber in London Heathrow in Termi- nal 3 (siehe Anhang V) und ab März 2013 auch in Berlin.

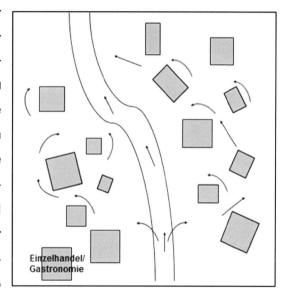

---

[48] A.T. Kearney 2006, S.3.

b) Mall-Konzept:

Dieses Konzept eignet sich besonders bei großen Flächen und einer entsprechenden Anzahl an Shops. Die Aufmerksamkeit der Fluggäste kann durch eine ansprechende Gestaltung der Schaufenster erregt werden. Geeignet ist diese Konzeption v.a. für Shops die selbst einen Kundenstrom erzeugen, die sog. Traffic Generators. Hierzu gehören für bestimmte Kundengruppen Luxus-Label wie Hermés, Bvlgari oder Tiffany's.

Abbildung 25:
Mall-Konzept

c) Wait-in-Lounge-Konzept:

Auch bei diesem Konzept werden große Flächen benötigt. Der größte Unterschied zum Mall-Konzept ist der zentrale Wartebereich. Eine wichtige Voraussetzung für die Funktionsfähigkeit des Konzepts ist eine hohe Verweildauer der Passagiere in Sichtweite der Shops.

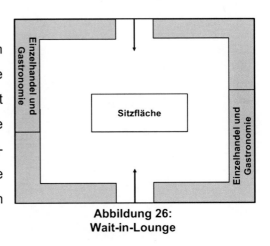

Abbildung 26:
Wait-in-Lounge

Einige dieser hier vorgestellten Konzepte werden in Kapitel 6 bei der Vorstellung ausgewählter internationaler Verkehrsflughäfen wieder aufgegriffen.

5.1.2 Dominanz von Branchen, Marken und Lagen

In diesem Abschnitt werden der Branchenmix, dominante Einzelhändler oder Gastronomiekonzepte und ihre Aufteilung auf Air- und Landside untersucht. Zu Grunde liegen 1.007 Ladeneinheiten der deutschen internationalen Verkehrsflughäfen, die im Januar 2012 durch Online-Recherche erhoben wurden und dieser Arbeit als Excel-Datei beiliegen. Reisebüros und Autovermietungen wurden jeweils als eine Service-Ladeneinheit erfasst. Keine Beachtung fanden die Serviceeinrichtungen Geldautomaten, Besucherterrassen und Ärzte. Bei vereinzelten Shops war eine genaue

Zuordnung zu Air- oder Landside anhand der Informationen auf den Homepages oder Karten der Flughäfen nicht möglich.

5.1.2.1 Branchenmix

Ein sehr wichtiger Faktor bei der Gestaltung einer ausgewogenen Angebotsstruktur am Flughafen ist der Branchenmix. Dies ist die Mischung der Einzelhandelsgeschäfte, Gastronomiebetriebe und verschiedenen Serviceeinrichtungen, damit die Nachfrage möglichst aller Kunden befriedigt werden kann. Die Auswertung der Branchenstruktur erfolgt anhand dieser zwölf Branchen:[49]

1. Bücher & Zeitschriften,
2. Delikatessen & Süßwaren,
3. Mode, Leder & Accessoires,
4. Spielzeug & Kinderartikel,
5. Souvenirs & Interior (Souvenirläden, Blumengeschäfte, etc.),
6. Uhren, Schmuck & Brillen,
7. Health & Beauty (Drogerien, Apotheken, Massage-Shops, etc.),
8. Duty-Free & Travel-Value,
9. Foto & Elektronik,
10. Sonstiges (Bäckereien, Supermärkte, etc.),
11. Gastronomie (Restaurants, Bars, Bistros, Cafés, etc.),
12. Service (Banken, Tax Refund, Friseur, Casinos etc.).

Seit dem 1. Juli 1999 ist der Kauf von Duty-Free Produkten nur noch Passagieren mit Flugzielen auf den Kanarischen Inseln oder außerhalb der EU beschränkt. Die Firma Gebrüder Heinemann hat zur Kompensation der sinkenden Einnahmen ein Marketing-Konzept namens „Travel-Value" eingeführt. Durch Sonderkonditionen zwischen den Geschäftspartnern, einen Verzicht auf Deckungsbeiträge und geringere Umsatzmieten kann auch Passagieren, die nicht berechtigt sind Duty-Free Produkte zu kaufen, preisgünstige Markenware angeboten werden.[50]

Bei den folgenden Auswertungen wird zusätzlich zu den internationalen Verkehrsflughäfen der Flughafen Berlin-Brandenburg Willy Brandt (BER) berücksichtigt. Dieser entsteht derzeit auf dem Gelände des Flughafens Berlin-Schönefeld und wird voraussichtlich Mitte September 2012 eröffnet. Da er damit der innovativste Flugha-

---

[49] Warschun 2007, S.15.
[50] Schulz et al. 2010, S.57.

fen Deutschlands sein wird, werden die Betreiber versuchen die neuesten Erkenntnisse der Handelsforschung direkt in der Konzeption umzusetzen.

Anhand der Pivot Tabelle 12 kann man erkennen, dass die Struktur der deutschen internationalen Verkehrsflughäfen starke Diskrepanzen aufweist. Der Flughafen Erfurt hat nur vier Ladeneinheiten – der Flughafen Frankfurt hingegen 220 und in jeder Branche mindestens zwei Geschäfte:

Anzahl Branchen	BER	BRE	CGN	DRS	DUS	ERF	FMO	FRA	HAJ	HAM	LEJ	MUC	NUE	SCN	STR	SXF	TXL	Summe
Bücher & Zeitschriften	7	1	4	2	7	1	1	18		7	2	8	2	1	3	4	2	70
Delikatessen & Süßwaren	2				4			2			1	2			1		1	13
Duty Free & Travel Value	5	3	3	1	4	1	1	14	1	2	1	7	1	1	3	1	1	50
Foto & Elektronik	1		1		4			11		5		4			1			27
Health & Beauty		1	1		3			5		3		13			1		2	29
Mode, Leder & Accessoires	17		9	3	32			39		21	2	58			14		9	204
Souvenirs & Interior	5	2	1	2	6			15	1	7		20	1		1	4	3	68
Spielzeug & Kinderartikel	1		2		1			2				2						8
Uhren, Schmuck & Brillen	7		2	1	6			16	1	3		13	2		1	1	1	54
Sonstiges	3	1	5	1	4			8	3	3	1	5	2		3		1	40
Service	14	3	7	2	6	1	1	32	10	12	3	23	3	2	13	3	3	138
Gastronomie	24	5	18	5	38	1	6	58	10	24	5	48	8	3	25	10	18	306
Summe	**86**	**16**	**53**	**17**	**115**	**4**	**9**	**220**	**26**	**87**	**15**	**203**	**19**	**7**	**66**	**23**	**41**	**1007**

Tabelle 12: Branchenverteilung dt. internationaler Flughäfen (Jan 2012) [51]

Um die dominierenden Branchen identifizieren zu können, werden die fünf passagierstärksten Flughäfen und der Flughafen BER näher untersucht:

---

[51] Quelle: Eigene Darstellung; generiert aus der Pivot-Auswertung der erhobenen Datensätze – gilt ebenso für die Abbildungen 27-29 und Tabellen 12-15.

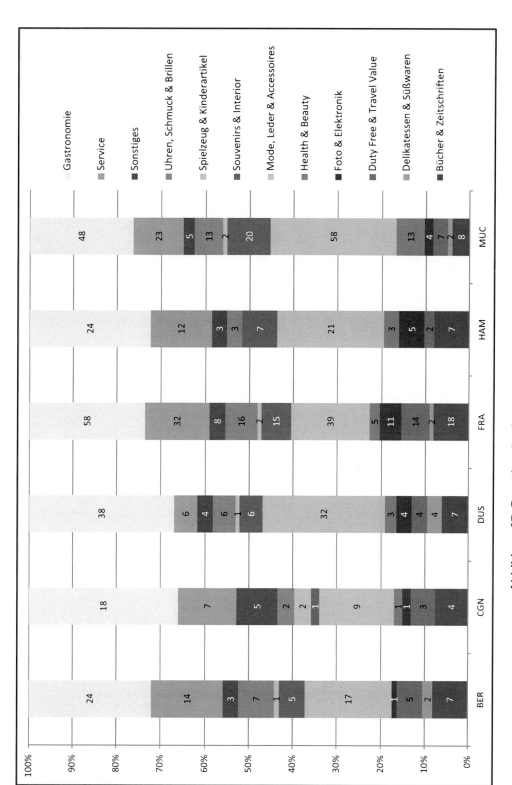

Abbildung 27: Branchendominanz an ausgewählten Flughäfen

Die Vertreter der Gastronomie sind nur am Flughafen München nicht dominant. Die Anteile dieser Branche liegen zwischen 24% (MUC) und 38% (STR). Eine weitere dominante Branche ist Mode, Leder & Accessoires; der Anteil am Gesamtsortiment liegt hier zwischen 18% (FRA) und 29% (MUC). Von den betrachteten Flughäfen bieten nur drei (DUS, FRA, MUC) Shops in jeder Branche. Verwunderlich dabei ist besonders, dass in BER keine Angebote im Bereich Health & Beauty Bereich entstehen werden, da dieses Segment von WARSCHUN als das mit dem höchsten Wachstumspotential identifiziert wurde.[52]

5.1.2.2 Markendominanz

Im Bereich der Gastronomie gibt es einige Marken, die den Markt dominieren:

Marken Branche ⊤ Gastronomie / Name ⊤	BER	CGN	DUS	FRA	HAJ	HAM	LEJ	MUC	NUE	STR	SXF	TXL	Summe
Burger King		2		1						1	1	1	6
Leysieffer			2						1	1		1	5
Marché			1	1		2	3	1		3		1	12
McCafé			1	2									3
McDonald's	2		1	3	1			1	1	1			10
Mövenpick	1		2	2	1	2			1		2		11
Segafredo								1			2		3
Starbucks	1	1	2	3							1		8
Summe	**4**	**3**	**9**	**12**	**2**	**4**	**3**	**3**	**3**	**3**	**6**	**6**	**58**

Tabelle 13: Markendominanz - Gastronomie

Am stärksten vertreten ist die Mövenpick-Kette mit ihren Konzepten „Café, Ice Bar und Restaurant", sowie deren Tochter-Unternehmen Marché mit den Konzepten „Bakery, Bistro, Bar, Natur Bäckerei und Restaurant". Stark vertreten sind auch die Fast Food Ketten McDonald's und Burger King, ebenso wie die Café-Kette Starbucks. Teilweise sind die Marken mehrmals an denselben Flughäfen vertreten, teilweise auf der Airside und der Landside.

Hingegen sind die beiden Café-Konzepte Leysieffer und Segafredo auf dem Rückzug. Bei der Untersuchung der zehn passagierstärksten Flughäfen Deutschlands[53] von ENGEL & VÖLKERS aus dem Jahr 2008, bei der 688 Ladeneinheiten erhoben wurden, war Leysieffer noch acht Mal und Segafredo sechs Mal vertreten.

---

[52] Warschun 2007, S.15.
[53] FRA, MUC, Berlin (TXL&SXF), DUS, HAM, CGN, STR, HAJ, NUE, Frankfurt-Hahn.

Im Bereich von Mode, Leder & Accessoires gibt es ebenfalls einige dominierende Marken. An erster Stelle steht hier BOSS – allerdings wird hier oft das sog. Shop-in-Shop-Konzept angewendet. Dies bedeutet, dass ein abgegrenzter Bereich des Ladens Waren eines anderen Mode-Labels präsentiert. BOSS arbeitet an Flughäfen mit folgenden Labels zusammen: Burberry, Etro, Porsche Design, E. Zegna und Hilfiger.

Marken	Branche ▼								
	⊟Mode, Leder & Accessoires								Summe
Name ⊥	BER	CGN	DUS	FRA	HAM	MUC	STR	TXL	
BOSS	1	2	2	2	1	6		1	15
Esprit	1	2	1	1	1	2	1	1	10
Marc O'Polo	1	1	1	1	1	2		2	9
SQR		1	3	1	1		1		7
Summe	**3**	**6**	**7**	**5**	**4**	**10**	**2**	**4**	**41**

Tabelle 14: Markendominanz - Mode, Leder & Accessoires

Auch die Marken Esprit, Marc O'Polo und SQR sind stark an den deutschen Flughäfen vertreten. München hat die meisten der genannten Mode-Shops bei sich vereint, nur einen Shop der Marke SQR fehlt im Portfolio des Airports.

Interessant bei der Untersuchung der Labels in der Branche Mode, Leder & Accessoires ist auch die Verteilung der Geschäfte auf Airside und Landside:

Marken	Branche ⊥															
	⊟Mode, Leder & Accessoires															
	⊟Landside					Σ	⊟Airside							Σ		
Name ⊥	DUS	FRA	HAM	MUC	STR	TXL		BER	CGN	DUS	FRA	HAM	MUC	STR		
Benetton		1		1			2						1		1	3
BOSS	1	2		2		1	6	1	2	1		1	4		9	15
Esprit	1	1	1	2	1	1	7	1	2						3	10
FTC Cashmere		1		1			2			1					1	3
Gant									1		2		1		4	4
Hermès									1		1	1	2		5	5
Jack Wolfskin	1	1		1			3									3
Marc O'Polo	1	1		1		2	5	1	1			1	1		4	9
Navyboot	1						1	1				1	1		3	4
Picard		1		1			2	1		1	1	1			4	6
P'NA	1	1		1		1	4	1		1					2	6
SQR	2	1			1		4		1	1		1			3	7
Tie Rack											1	1	2	1	5	5
Summe	**8**	**10**	**1**	**10**	**2**	**5**	**36**	**8**	**6**	**6**	**3**	**8**	**12**	**1**	**44**	**80**

Tabelle 15: Markendominanz - Airside vs. Landside

Untersucht wurden in dieser Zusammenstellung alle Marken, die mindestens drei Shops an deutschen internationalen Flughäfen betreiben. Die Versessenheit der Luxuslabel ihre Shops nur auf der Airside der Flughäfen betreiben zu wollen, scheint nachzulassen. Allein Gant, Hermés und Tie Rack folgen noch dieser strikten Aufteilung. Alle anderen Marken haben sich inzwischen in beiden Bereichen des Flugha-fens angesiedelt. Der Outdoor-Anbieter Jack Wolfskin ist der einzige Markenshop, der nur auf der Landside aktiv ist. Sowohl bei den oben ausgewählten Mode-Marken, als auch bei der Auswertung aller Anbieter ergibt sich ein ausgewogenes Verhältnis. Insgesamt gibt es 204 Shops der Branche Mode, Leder & Accessoires, davon liegen 103 auf der Landside und 101 auf der Airside. Nachfolgend wird untersucht wie sich die Aufteilung Airside vs. Landside insgesamt darstellt.

5.1.2.3 Dominanz der Lage

Traditionell gab es an deutschen Flughäfen mehr Angebot an Einzelhandel, Gastro-nomie und Service auf der Landside. Die beeindruckenden Erlössteigerungen der BAA durch vermehrtes Angebot auf der Airside und die zunehmende Dringlichkeit eigener Erlössteigerungen der deutschen Flughäfen, zwangen die Betreiber zum Umdenken. Aktuell gestaltet sich die Aufteilung wie folgt:

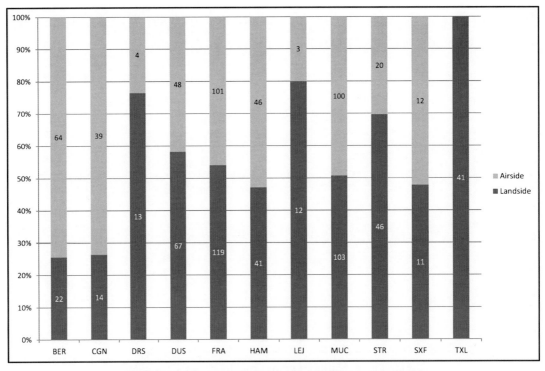

Abbildung 28: Anzahl der Shops Airside vs. Landside

Die absolute Ausnahme bildet Berlin-Tegel, hier gibt es keine Shops auf der Airside. Die Flughäfen München, Berlin-Schönefeld, Hamburg und Frankfurt haben es zwischenzeitlich geschafft beide Seiten zu nivellieren und liegen bei knapp 50% Air- bzw. Landside. Der Trend der Entwicklung lässt sich am Flughafen Berlin-

Brandenburg ablesen – hier wird das Angebot Landside künftig nur noch 25% betragen.

Die Auswertung der Branchenverteilung auf Air- und Landside (ohne den nicht zuordenbaren Shops) zeigt, dass es immer noch Branchen gibt, die eine deutliche Affinität zur Airside haben. Dies sind Duty-Free, Uhren, Schmuck & Brillen und Foto & Elektronik.

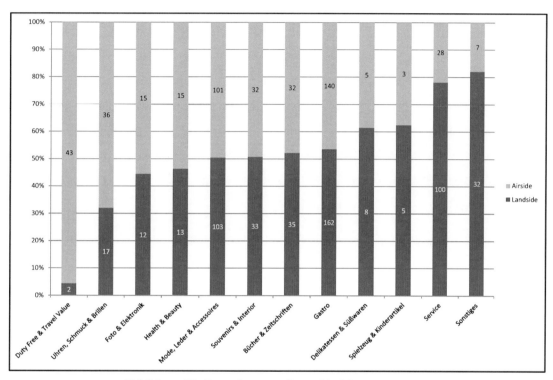

Abbildung 29: Branchenverteilung Airside vs. Landside

Die Serviceeinrichtungen und die Branche Sonstiges, zu der Bäckereien und Super-märkte gehören, sind vorwiegend auf der Landside zu finden.

5.1.3 Besondere Anforderungen

Egal ob die Ladengeschäfte in einem Terminal auf der Air- oder Landside liegen, die Einzelhändler und Gastronomen müssen einige besondere Anforderungen erfüllen und Besonderheiten gegenüber einem Shop in der Innenstadt oder einem Einkauf-scenter beachten:[54]

---

[54] Schulz et al. 2010, S.55-57.

5.1.3.1 Kosten

Die Kosten für die Geschäftseinrichtung und Mieten liegen deutlich höher als in vergleichbaren Lagen der Innenstadt. In der Regel wird neben einer Fix-Miete noch ein umsatzabhängiger variabler Anteil bezahlt.[55] In Hamburg gibt es zudem in Einzelfällen eine passagierabhängige Miete.[56] In Frankfurt werden bis zu 25% Umsatzmiete verlangt[57] - in der Spitze sind das bis zu 1.900,-€/m² im Modebereich. Viele Mieter zahlen mehr als 1.000,-€/m². Zum Vergleich – die Spitzenmiete auf der Zeil in Frankfurt lag 2011 bei ca. 300,-€/m² (Wiederhold, 2012). Die Investition scheint sich zu lohnen, denn laut Verena König – sie ist für die Vermietung der Fashion-Flächen im Flughafen Frankfurt zuständig – sind Flächenproduktivitäten von bis zu 85.000,-€/m² möglich (Müller, 2010). Auch in München werden ähnlich hohe Flächenproduktivitäten erreicht – EBERLE berichtete bereits 2005 von einem neun Quadratmeter großem Kiosk, der Swatch-Uhren vertreibt und damit einen Jahresumsatz von 650.000,-€ erwirtschaftet. Dies entspricht einer Produktivität von rund 72.000,-€ im Jahr.

Diese hohen Flächenproduktivitäten können allerdings nur auf der Airside des Flughafens erreicht werden – diese liegen etwa zwei bis 2,5 Mal über den Werten, die auf der Landside erreicht werden können (Koenen 2009, S.2).

5.1.4.2 Personal

Nicht nur die Kostenentwicklung durch die Miete muss beachtet werden, sondern auch bezüglich des Personals. Die besondere Kundenstruktur, zumeist internationales Klientel, stellt hohe Anforderungen an die Mitarbeiter der Airport-Shops. Ein hohes Maß an Toleranz, Freundlichkeit und Fremdsprachenkenntnisse sind Grundvoraussetzung für ein erfolgreiches agieren des Personals. Hinzu kommen lange Öffnungszeiten, auch und gerade am Wochenende und an Feiertagen, die Bereitschaft Überstunden zu machen, wenn Flüge verspätet eintreffen und der Umgang mit fremden Währungen.

Der Personalplanung muss durch die Einzelhändler hohe Priorität eingeräumt werden. Die schwankenden Passagierzahlen müssen antizipiert und in entsprechen-

---

[55] Koenen 2009.
[56] Flughafen Hamburg GmbH 2011, S.8.
[57] Eberle 2005.

den Arbeitseinsatzplanungen umgesetzt werden. Hierfür ist eine ständige Beobachtung der Kunden- und Umsatzzahlen notwendig.

5.1.4.3 Krisen

Weitere Unsicherheitsfaktoren sind zu nennen, wie in Kapitel 0 erläutert, hängen die Passagierzahlen und damit letztendlich auch der Umsatz der Retailer stark vom Weltgeschehen ab. In Zeiten wirtschaftlicher, politischer oder umweltbeeinflussender Krisen sinken die Passagierzahlen rapide. Meist kommt es darüber hinaus zu verstärkten Sicherheitskontrollen für die Fluggäste und auch Mitarbeiter an den Flughäfen, die es zusätzlich erschweren den Personaleinsatz richtig zu kalkulieren.

5.1.4.4 Beschränkungen

Ebenfalls hinderlich für die Einzelhändler am Flughafen sind die Vorwürfe der Konkurrenten aus den Innenstädten, dass Kunden aus den Innenstädten abgezogen werden. Oft beschränken die Kommunen deshalb die Gesamtverkaufsfläche an den Airports oder die maximale Fläche pro Shop. Auch darf nicht mit den verlängerten Öffnungszeiten am Flughafen im Umland geworben werden. In Frankfurt hat man zur Vermeidung dieses Konflikts ein Gentleman's Agreement mit dem Einzelhandelsverband getroffen und verzichtet freiwillig auf Werbung mit den Öffnungszeiten (Müller 2010, S.1). Ein Gentleman's Agreement ist eine meist mündliche Vereinbarung, die im gegenseitigen Vertrauen auf Einhaltung abgeschlossen wird.

In diesem Abschnitt wurde die Angebotsstruktur, also die Faktoren die von Flughafenbetreiber gelenkt werden, erläutert. Es folgt die Darlegung der Nachfragestruktur, also den Sphären die nicht von den Betreibergesellschaften beeinflussbar sind.

5.2 Nachfragestruktur

CEROVIC beschäftigte sich bereits1998 mit der Frage was Airport Retailing antreibt. Er gelangte zu der Überzeugung, dass diese Faktoren ausschlaggebend seien (S.9):

- Passagierzahlen,
- Kundengruppen,
- Aufenthaltsdauer,
- Reisekultur bzw. Konsumentenverhalten,

- Anzahl der Mitarbeiter an den Flughäfen.

Der Einfluss der Passagierzahlen wurde bereits in Kapitel 0 hinreichend erläutert. Die anderen Faktoren folgen nun:

5.2.1 Kundengruppen

Die Voraussetzungen für das Betreiben von Einzelhandel und Gastronomie ist an allen Flughäfen angebotsseitig grundverschieden. Auf der Nachfrageseite gibt es immer die gleichen Ziel- bzw. Kundengruppen. Jede einzelne hat ihre eigenen Anforderungen an Einzelhandel und Gastronomie. DOGANIS identifizierte acht verschiedene Zielgruppen (1992, S.114-115). Diese Gruppen und ihre jeweiligen Ansprüche werden einzeln vorgestellt:

5.2.1.2 Passagiere

Passagiere sind die wichtigste Kundengruppe der Airports, da die Umsätze des Non-Aviation-Bereichs mit den Fluggastzahlen ansteigen (Ders. S.132). Die Gruppe der Passagiere ist vielfältig und muss in verschiedene Segmente unterteilt werden (Humphries, 1996, S.2):

- Inländisch vs. International,
- Ankunft vs. Transfer,
- Kurzstrecke vs. Langstrecke,
- Geschäftsreisende vs. Urlaubsreisende.

Urlaubsreisende haben in der Regel mehr Gepäck und verbringen mehr Zeit am Flughafen. Bei Langstreckenflügen wird mehr Geld ausgegeben als bei Kurzstrecken (Oechsle 2005, S.140-142). Unterschiede im Kaufverhalten sind davon abhängig, ob es sich um abfliegende, ankommende oder umsteigende Passagiere handelt. Transferpassagiere haben meist eine höhere Ausgabebereitschaft und interessieren sich besonders für hochpreisige Markenartikel oder Wellness- und Freizeitangebote. Ein besonderes Verhalten zeigen auch die Fluggäste der Low-Cost-Carrier. Oft achten diese weniger auf den Preis beim Konsum, da sie bereits beim Ticketerwerb viel Geld eingespart haben und sich somit am Flughafen etwas gönnen können.

Allgemein lässt sich konstatieren, dass Passagiere ihren Primärbedarf an Essen und Unterhaltung, insbesondere mit Zeitungen und Büchern decken, manche Untergruppen zu Spontankäufen und andere zum Konsum von hochpreisiger Mode neigen.[58]

5.2.1.3 Airlines

Auch die Fluggesellschaften tragen zur Steigerung des Non-Aviation-Umsatzes durch die Anmietung von Büroräumen, Check-in-Schaltern, Lounges für First- und Business-Class-Passagiere, Lagerräume etc. bei. Dies ist oft ein großer Anteil bei den Mieteinnahmen, die Flughafenbetreiber jährlich generieren.

5.2.1.4 Beschäftigte am Flughafen

Zu dieser Kundengruppe zählen sowohl die Mitarbeiter der Flughafenbetreibergesellschaft und Beschäftigte anderer Unternehmen die rund um den Flughafen ansässig sind, als auch die Teilnehmer von Konferenzen, Tagungen und sonstigen Veranstaltungen auf dem Flughafengelände.

Die Beschäftigten nutzen Serviceeinrichtungen wie Bank, Friseur, Reinigung und Apotheke, aus Bequemlichkeit häufig auch die Supermärkte vor Ort. Der Rewe-Markt im Airport Frankfurt hat das Potential der Zielgruppe erkannt und bietet an, Einkäufe ab 50 € kostenfrei in andere Flughafengebäude zu liefern.[59]

Wie groß das Potential der Kundengruppe der Beschäftigten ist, wurde 1991 von HEINZELMANN erforscht (nach Doganis 1992, S.114-115). Er fand heraus, dass die Beschäftigten rund 15% ihres Netto-Haushalts-Einkommens in den Shops und Serviceeinrichtungen am Flughafen ausgeben.

5.2.1.5 Airline Crews

Grundsätzlich haben die Mitarbeiter der Airlines die gleichen Bedürfnisse wie die anderen Beschäftigten am Flughafen. Was diese konsumieren hängt besonders davon ab, ob es sich um ihren Heimatflughafen handelt oder nicht.

Die meisten Airline-Mitarbeiter nutzen bevorzugt Dienstleistungen wie Reinigung, Schuhreparaturen, Friseure und Schneider.

---

[58] Jarach 2005, S.73-77; Engel & Völkers 2008, S.21; Doganis 1992, S.114-115.
[59] Stiebritz 2011.

5.2.1.6 Meeters & Greeters

Meeters & Greeters bringen oder holen Freunde, Verwandte oder Arbeitskollegen vom Flughafen ab. Diese Zielgruppe verbringt normalerweise nur kurze Zeit auf der Landside des Airports und nutzt bevorzugt gastronomische Angebote. Teilweise werden Abschieds- oder Willkommensgeschenke und Blumen erworben. Sobald sich die Wartezeit verlängert, beispielsweise bei Verspätungen der Flugzeuge, steigt die Inanspruchnahme der Angebote sprunghaft an.

5.2.1.7 Besucher

Die meisten deutschen Flughäfen haben das Potential dieser Zielgruppe erkannt und bieten Besucherterrassen, Aussichtsplattformen und Besichtigungstouren an. Die Kundengruppe der Besucher konsumiert bevorzugt flughafen- oder airlinespezifische Souvenirs. An Sonn- und Feiertagen werden verstärkt auch die Einkaufs- und Freizeitmöglichkeiten an den Airports in Anspruch genommen.

Die größte Auswahl an Besucher-Aktivitäten bietet der Flughafen München. Hier gibt es Konzerte, Brunch, Buffet, Eislaufen und einen Weihnachtsmarkt im Winter, einen Flugsimulator und vieles mehr. Zudem kann man ab einem Einkauf von 10,-€ zwei Stunden und ab 20,-€ fünf Stunden kostenlos parken. Nur der Flughafen Düsseldorf bietet am ersten Sonntag des Monats, dem sog. „Airlebnis Sonntag", vergleichbare Aktivitäten und ein nicht näher bestimmtes Parkspecial.

5.2.1.8 Umlandbewohner

Die Umlandbewohner können nur als Kunden gewonnen werden, wenn die Flughäfen über eine gute Verkehrsanbindung und kostengünstige Parkplätze verfügen. Diese Kundengruppe profitiert von den längeren Öffnungszeiten und nutzt den Airport als alternatives Shopping- und Freizeit- oder auch Fitness-Center. Besonders durch Veranstaltungen, wie sie bei der Gruppe der Besucher vorgestellt wurden, können die Flughafenbetreiber die Meinung der Umlandbewohner dahingehend positiv beeinflussen, dass das vorherrschende Hochpreisimage entkräftet wird.

5.2.1.9 Business Community

Wie die Airlines trägt die sog. Business Community, also die Unternehmen, die sich auf dem Flughafengelände niedergelassen haben, speziell durch Mieteinnahmen zur

Steigerung des Non-Aviation-Umsatzes bei. Zu dieser Community gehören flugha-fenaffine Unternehmen, die entweder die Infrastruktur nutzen, wie Speditionen, oder auf das Flugzeug als Verkehrsmittel angewiesen sind, beispielsweise Beratungsun-ternehmen. Als Beispiel der jüngsten Vergangenheit dient das Wirtschaftsprüfungs- und Beratungsunternehmen KPMG, das sein neues Hauptquartier in unmittelbarer Nähe zum Flughafen Frankfurt aufgeschlagen hat.

Nach der Betrachtung der verschiedensten Kundengruppen eines Airports, muss noch untersucht werden, wie die wichtigste Gruppe, die der Passagiere, ihre Zeit zwischen Check-in und Abflug verbringt.

5.2.2 Dwell time

Die Verweildauer der Passagiere, die Tätigkeiten die während des Aufenthaltes ausgeführt werden und die Spannungskurve die sich bei den Fluggästen aufbaut, sind Gegenstand dieses Abschnittes.

Auf dem Trinity Forum der ACI im Jahr 2009 berichtete DOLBY von einer globalen durchschnittlichen Verweildauer auf Flughäfen von 137 Minuten. Von dieser Zeit verbringen Passagiere durchschnittlich 65 Minuten mit Warten, sich anstellen und der Orientierung am Flughafen. Für zwingend vorgeschriebene Prozesse wie Sicher-heitskontrollen und den Check-in werden weitere 36 Minuten benötigt. Somit bleiben für den Konsum im Schnitt nur 36 Minuten. Diese knappe Zeit muss optimal genutzt werden, damit der geplante Umsatz erreicht werden kann. Jeder Fluggast empfindet bei einer Reise eine gewisse Anspannung, besonders vor dem Check-in, den Si-cherheitskontrollen und dem Boarding (vgl. Abbildung 30). Die Stresskurve der Passagiere sollte möglichst gering gehalten werden, denn je entspannter diese sind, desto höher ist die Wahrscheinlichkeit eines Impulskaufes. Bei einem Vergleich von Einkäufen in Shopping-Centern mit Einkäufen auf Flughäfen, zeigt sich, dass in Shopping-Centern 79% der Käufe impulsmotiviert geschehen (2% entfallen auf dringend benötigtes und 19% auf Wünsche), an Flughäfen hingegen nur 27% (24% Benötigtes, 49% Wünsche).[60]

---

[60] Dolby, 2009, S.17.

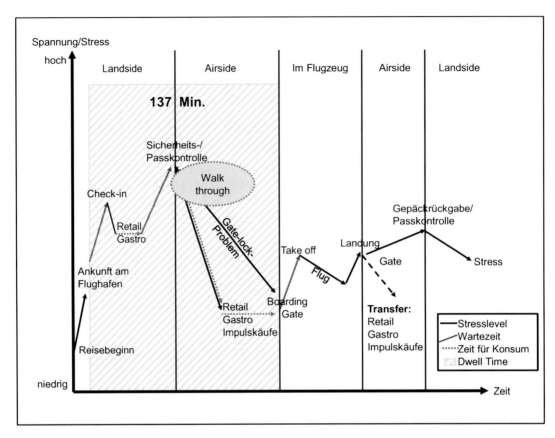

Abbildung 30: Spannungskurve eines Passagiers[61]

Eine Möglichkeit zur Optimierung der Zeit, die für den Konsum verfügbar ist, ist die Nutzung des Walk-Through-Konzeptes. Nach der Sicherheitskontrolle baut sich der angestaute Stress sehr schnell ab. Wenn der Fluggast dann bereits in einem Shop ist, neigt er viel häufiger zu Impulskäufen. Durch dieses Konzept konnten Umsatzsteigerungen von bis zu 25% generiert werden. Der Passagier wird in seiner Konsumneigung unterstützt und neigt dazu, weitere Shops zu besuchen und Einkäufe zu tätigen.

Diesem Verhalten widerspricht das sog. Gate-Lock-Syndrom. Reisende tendieren sehr häufig dazu schon lange vor dem geplanten Boarding zum Abfluggate zu eilen und alle Arten von Shops zu meiden (Humphries 1996, S.23). Mögliche Lösungen hierfür sind eine klare Wegführung mit Zeitangaben, wie viele Gehminuten man von seinem Gate ist ,oder wie es an vielen englischen Flughäfen praktiziert wird, gibt man das Gate erst ca. 30 Minuten vor dem Boarding bekannt.

---

[61] Quelle: Eigene Abbildung in Anlehnung an Oechsle 2005, S.152.

Nach der Untersuchung der Aufenthaltsdauer und des Stresskurve der Passagiere, ist es für die Optimierung der Non-Aviation-Flächen außerdem wichtig heraus zu finden, was die Passagiere tun, um sich die Zeit zwischen der Sicherheitskontrolle und dem Boarding zu vertreiben. Die Media Frankfurt GmbH identifizierte folgende Hauptbeschäftigungen zum Zeitvertreib:

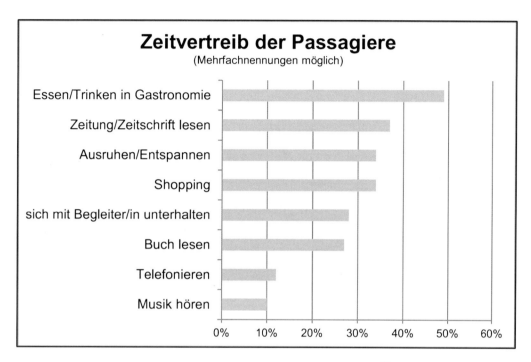

Abbildung 31: Zeitvertreib der Passagiere[62]

Fast die Hälfte aller Passagiere nutzt die gastronomischen Angebote der Flughäfen, weshalb diese einen besonderen Stellenwert genießen sollten. Shopping steht mit der Tätigkeit „Entspannen" erst auf dem dritten Rang der bevorzugten Tätigkeiten zum Zeitvertreib. Eine optimierte Gestaltung des Gastronomie- und Retailbereiches ist unverzichtbar, da zu den hier vorgestellten messbaren Komponenten noch weitere, schwer prognostizierbare hinzukommen. Es geht um das sich ändernde Verhalten der möglichen Konsumenten:

---

[62] Quelle: Media Frankfurt GmbH, Werbemonitor 2008 in IVG Immobilien AG/Bulwien Gesa 2012, S.4.

5.2.3 Verändertes Konsumentenverhalten

Die letzten 70 Jahre sind von tiefgreifenden Veränderungen im Konsumentenverhalten geprägt. Das Ende der 1940er Jahre war durch materielle Entbehrungen nach dem Zweiten Weltkrieg gekennzeichnet, in den 50ern wurden hingegen primäre Grundbedürfnisse gedeckt und in den 60ern statteten sich die Haushalte nach und nach mit langlebigen Konsumgütern wie Staubsauger, Kühlschränke, Fernseher und Autos aus. Ab den siebziger Jahren wuchs der Wohlstand der Bevölkerung beständig an und es wurde vermehrt Wert auf die Gestaltung der Freizeit gelegt. Seit den 1990ern kommt es zu einer Pluralisierung der Lebensstile und die Konsumnachfrage wird geprägt von Trends und Lifestyle (Oechsle 2005, S.98).

Um die Passagiere in Shopping-Laune zu versetzen, muss deren Lebensstil entsprochen werden. Um eine entsprechende Atmosphäre zu schaffen, können verschiedene architektonische Gestaltungsmöglichkeiten genutzt werden. Eine Differenzierung der Räume durch Licht, Luft, Wasser und akustische Elemente spricht alle Sinne der Fluggäste an. Der Werkstoff Glas bietet hier viele Möglichkeiten um in Verbindung mit Farbe, Licht und Wasser die gewünschten Effekte zu erreichen. Auch natürliche Materialien wie Holz und Pflanzen, sowie eine natürliche Belichtung und Belüftung sind empfehlenswert (Brust 2005, S.35). Die Menschen fühlen sich in Umgebungen, die derart gestaltet wurden wohler und neigen häufiger zu Impulskäufen.

Ein weiterer Einflussfaktor auf das Kaufverhalten ist die Herkunft der Fluggäste. Generell haben ausländische Passagiere eine höhere Ausgabebereitschaft als inländische, da sie sich zumeist auf dem Heimweg befinden und die restliche Fremdwährung verbrauchen oder noch Souvenirs für die Angehörigen kaufen. Einen ersten Überblick über die verschiedenen Zielgruppen nach Herkunft, der Konsumverhalten und Angebote, die diesen ein Flughafen bieten sollte, verschafft Tabelle 16:

	Low Cost Carrier	Westeuropa	Fernstrecke	Osteuropa
Passagier-typ	• Low Budget • Geübte Viel-flieger	• Geschäfts-reisende	• Touristen aus Asien, Amerika, Naher Osten • Geschäftsreisende	• Touristen aus Osteuropa, Russ-land • Geschäftsreisende
Konsum-verhalten	• Niedriges/ mittleres Budget, teils hoher Kon-sum wg. billiger Tickets • Shopping zum Zeitver-treib	• Shopping auf Grund knap-per Freizeit • Spezielles Ambiente • Kurze Verweildauer	• Luxus-Affinität • Hohes Budget, sehr hohe Kon-sumneigung • Urlaubsstimmung • Lange Verweildau-er	• Hohes Budget, mittlere bis hohe Konsumneigung • Urlaubsstimmung
Angebot	• Angebote • Outlet-Produkte • Take-away (Essen) • Printmedien	• Designershops • Kosmetika • Landesspezifika • Accessoires & Modeschmuck	• Kosmetika (v.a. Duty-Free) • Luxusmode/-schmuck • Hochwertige, landesspez. Souvenirs	• Luxus-Kosmetika • Hochwertige Spirituosen • Luxusuhren/-schmuck • Designershops

Tabelle 16: Zielgruppen an Flughäfen[63]

Besondere Wünsche und Anforderungen haben auch Bewohner skandinavischer Länder. Diese kaufen sehr hohe Mengen an Spirituosen, da solche in ihrer Heimat sehr hoch besteuert werden. Briten hingegen kaufen Tabak und Zigaretten, da die Preise in Großbritannien für Tabakwaren zu den höchsten der Welt gehören.[64] Abbildung 32 zeigt die Verteilung der Kaufkraft einiger Nationen, wie sie am Frankfurter Flughafen im Jahr 2011 gemessen wurde:

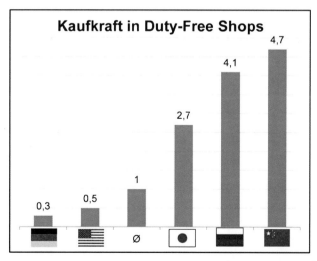

Abbildung 32: Kaufkraft nach Nation am Flughafen FRA[65]

---

[63] Quelle: Warschun 2007, S.23.

[64] Oechsle 2005, S.144.

[65] Quelle: Fraport AG 2012, S.40.

Die Ausgaben in den Duty-Free-Shops waren bei den Chinesen 4,7 Mal so hoch wie im Gesamtdurchschnitt. Danach folgt Russland mit der 4,1fachen Höhe der Ausgaben. Deutsche geben mit 0,3 unterdurchschnittlich wenig Geld im Duty-Free aus. Chinesen und Russen kaufen bevorzugt Markenware und Luxus-Artikel in Deutschland oder Europa ein, da sie hier keine Markenfälschungen zu erwarten haben. Zudem fallen in Russland bis zu 30% Steuer für Luxusartikel an, die bei Einkäufen im Duty-Free nicht bezahlt werden müssen.

Der Wandel im Konsumentenverhalten wird nie abgeschlossen sein, so dass eine beständige Weiterentwicklung der Ideen und Umsetzungsstrategien von Nöten ist. Ein möglicher Schwerpunkt in der Zukunft könnte die Vermittlung von weiteren Zusatznutzen an den Flughäfen sein.

5.3 Zusatznutzen durch Erlebnisorientierung

Im Laufe der letzten Jahre haben sich verschiedene sozioökonomische Veränderungen in der Gesellschaft abgezeichnet. Durch Arbeitszeitverkürzung haben die Menschen immer mehr Freizeit und gleichzeitig steigt das Netto-Haushalts-Einkommen beständig an. Die Lebensmaximen der überwiegend jüngeren Generation sind Erlebnis, Genuss und Vergnügen (Schulz et al. 2010, S.85-88). Bei Interaktionen wird ein gewisser Zusatznutzen materieller oder emotionaler Art fast schon erwartet. Beispiele wie diese Anforderungen bei Handelsflächen innovativ umgesetzt werden könnten, bieten die sog. Urban Entertainment Center (UEC).

UECs im klassischen Sinne sind großflächige Einkaufszentren an die Freizeit- oder Vergnügungsparks angeschlossen sind. Bis zur Hälfte der Fläche sind für Unterhaltung verschiedenster Art geplant – das Einkaufen wird zur Nebensache (Universität Trier et al. 2005, S.18). Zentrale Merkmale der UECs sind das Grundprinzip der Multifunktionalität, die starke Freizeitorientierung und der Convenience-Charakter - durch die Vernetzung der unterschiedlichen Angebote, können verschiedenste Freizeitaktivitäten bequem miteinander verknüpft werden. Für FRANCK (2000, S.37) sind die Schlüsselkomponenten der Urban Entertainment Center die Bereiche „Entertainment & Kultur", „Food & Beverage" und „Thematisierter Handel & Merchandising". Als Zusatzangebot empfiehlt er Hotels oder andere Übernachtungsmöglichkeiten und zusätzliche Attraktionen. Der folgende Überblick zeigt einige Empfehlungen für Konzepte die in UECs angeboten werden sollen:

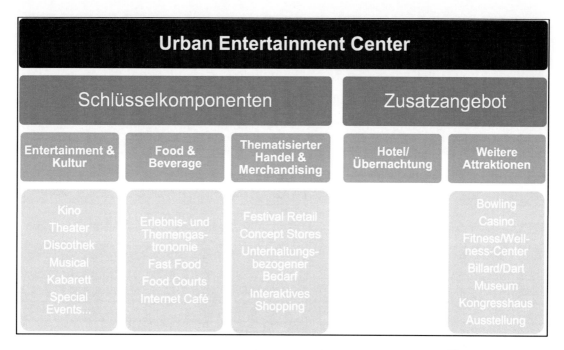

Abbildung 33: Bausteine eines Urban Entertainment Centers[66]

Abbildung 33 zeigt viele Bausteine und Zusatzangebote, die viele Flughäfen bereits auf ihrem Gelände anbieten. So haben die Flughäfen München und Frankfurt ein Kino anzubieten. Diskotheken gibt es in München, Frankfurt und Nürnberg. Die für den Bereich Food & Beverage vorgeschlagenen Konzepte wie Food Courts und Fast Food werden inzwischen so gut wie an allen deutschen internationalen Verkehrsflughäfen umgesetzt. Die für den Bereich thematisierten Handel entwickelten Konzepte werden ebenso von einigen Flughäfen praktiziert - München und Düsseldorf sind bestrebt die Umlandbewohner und Besucher mit speziellen Angeboten am Wochenende oder in den Ferien auf das Flughafengelände zu locken. Hotels in Flughafennähe gehören inzwischen zum Standard und auch einige der von FRANCK als Attraktion deklarierten Angebote gibt es bereits an manchen Airports. Beispielsweise hat in Frankfurt im Dezember 2011 das erste Flughafen-Casino Deutschlands eröffnet.

---

[66] Quelle: Eigene Darstellung in Anlehnung an Franck 2000, S.37.

5.4 Conclusio

Insgesamt betrachtet haben die Flughafenbetreiber in den letzten Jahren viel Arbeit und Energie in die Weiterentwicklung des gesamten Flughafengebäudes investiert. Dies geschah meist unbeachtet von der Bevölkerung, da Flughäfen von dieser oft nur mit negativen Assoziationen verbunden werden, wie beispielsweise Fluglärm, Konkurrenz zur Innenstadt oder Hochpreisimage. Durch die starken Veränderungen externer Einflussfaktoren und hierbei besonders die Deliberalisierungs- und Privatisierungsbestrebungen des Bundes, werden die Betreibergesellschaften zu proaktivem Handeln gezwungen. Private Investoren brachten neue Impulse für die Flughafenorganisation und seit ca. 5-8 Jahren ist das Flächenmanagement bzw. Centermanagement bei den meisten Flughafenbetreibern fest implementiert. Als Hauptaufgaben werden die Entwicklung eines bestmöglichen Branchenmixes, die Ablaufoptimierung und Flächenmaximierung gesehen. Diese werden in Abhängigkeit von aktuellen Entwicklungen umgesetzt. Zuletzt war die Einführung des neuen Airbus A380 eine große Herausforderung. Die Fluggates mussten für die Abfertigung dieses neuartigen Maschinentyps umgebaut werden. Viele Airports nutzten diese Umbauphase entsprechend für eine Anpassung ihrer Einzelhandels- und Gastronomieflächen.[67]

Auch an Flughäfen gilt das Motto „Handel ist Wandel", eine permanente Überprüfung der Kundenstruktur auf der Air- und Landside (Frequenz, Ausgabeverhalten, Nation etc.) ist deshalb unabdingbar. Die Ergebnisse müssen für eine optimierte Angebotsstruktur genutzt werden. Der Fokus sollte in naher Zukunft besonders auf die vielschichtige Kundengruppe der Nicht-Passagiere gesetzt werden. Beispielsweise könnten durch die Anwendung der Erkenntnisse zu Urban Entertainment Center neue Kunden gewonnen werden. Die Umsätze die durch diese generiert werden, können die teils stark schwankenden Umsätze mit Fluggästen ausgleichen.

Nachfolgende Grafik fasst die Ergebnisse bezüglich der Kundengruppen und der empfohlenen Shops differenziert nach Airside, Landside und Ankunftsbereich am Flughafen zusammen:

---

[67] Expertengespräch mit Lutz Deubel, Leiter Centermanagement, Flughafen Hamburg am 13.04.2012.

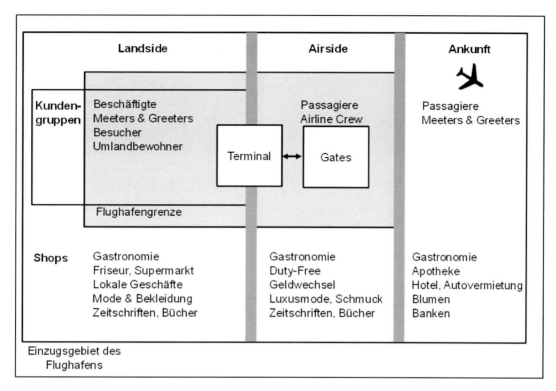

Abbildung 34: Zusammenfassung - Kundengruppe und Shops[68]

Im Kapitel 0 werden zum Abschluss einige der passagierstärksten deutschen internationalen Verkehrsflughäfen und zusätzlich der Flughafen Berlin-Brandenburg, als Vertreter der neuesten Generation Flughafen, vorgestellt. Dies soll einen anschaulichen Überblick über verschiedenste Aspekte, die im Rahmen dieser Arbeit erläutert wurden, geben.

---

[68] Quelle: Eigene Abbildung in Anlehnung an Abbildung 5.

6 Detaildarstellung ausgewählter Verkehrsflughäfen

In diesem Kapitel werden geordnet nach absteigender Passagierzahl fünf internationale Verkehrsflughäfen (nach DFS) vorgestellt. Dies sind die Flughäfen Frankfurt, München, Düsseldorf, Hamburg und Stuttgart. Des Weiteren wird der Flughafen Berlin Brandenburg näher untersucht. Dieser wird voraussichtlich im März 2013 auf dem Gelände des Flughafens Schönefeld eröffnet und birgt somit das Potential die neuesten Erkenntnisse aus der Handelsforschung umzusetzen.

Auf einen Blick kann man im Folgenden die verschiedenen architektonischen Lösungen der Flughäfen vergleichen und sich mit Hilfe der Orientierungskarten[69] einen Überblick über die Anordnung der Einzelhandels- und Gastronomiebetriebe verschaffen. Für einen einfacheren Vergleich wird die Aufteilung der Shops nach den zwölf definierten Branchen als Pivot-Auswertung ergänzend dargestellt. Die Serviceeinrichtungen Reisebüros und Autovermietungen werden gesondert aufgeführt, da diese bei den Pivot-Auswertungen keinen Einfluss gefunden haben, aber wichtige Hinweise auf die Kundenstruktur des Airports geben. Der Flughafen Düsseldorf hat beispielsweise 45 Reisebüros bei einem jährlichen Passagieraufkommen von 20,3 Mio. Fluggästen – Frankfurt hat bei weit über 50 Mio. Passagieren nur unwesentlich mehr Reisebüros. Dies deutet darauf hin, dass in Düsseldorf verstärkt Charterverkehr, also Flugzeuge, die von Reiseveranstalter im Rahmen einer Pauschalreise gebucht werden, abgewickelt wird. Ergänzt werden diese Hinweise durch die Darstellung der Kundenstruktur, getrennt nach Geschäfts-und Privatreisende, die Gesamtzahl der Passagiere, jährlichen Besucher und Beschäftigten des Flughafenumfeldes, soweit die Zahlen ermittelt werden konnten. Unter dem Punkt „Besonderheiten" werden Einzelhandels- und Gastronomiekonzepte vorgestellt, die bei der Auswertung unter Punkt 5.1.2.2 keine Rolle gespielt haben, weil sie bisher selten an Flughäfen zu finden sind aber beispielsweise als Testgeschäfte für eventuelle Expansionen genutzt werden oder besonders den Lokalkolorit betonen. Danach werden die Kernöffnungszeiten der Airports getrennt nach Air- und Landside und die gesetzlichen Ladenöffnungszeiten des jeweiligen Bundeslandes[70] vorgestellt, damit eventuelle Vorteile aus den verlängerten Öffnungszeiten erkannt werden können. Durch die neu in Kraft getretenen Ladenschlussgesetze der Bundesländer von 2006/2007

---

[69] Quelle: Homepages der jeweiligen Flughäfen (2012).
[70] Verdi (2007).

beschränkt sich der Vorteil der Flughäfen zumeist nur noch auf Sonn- und Feiertage. In Nordrheinwestfalen gelten zusätzliche Sortimentsbeschränkungen und in Baden-Württemberg wird die Verkaufsfläche nach Verkehrsaufkommen beschränkt. Des Weiteren haben sich die meisten Flughäfen durch ein Gentlemen's Agreement[71] mit dem lokalen Einzelhandel darauf geeinigt auf Werbung im nahen Umfeld des Airports zu verzichten.

Zu guter Letzt werden bei der Vorstellung der Flughäfen die herausragenden positiven und negativen Aspekte des jeweiligen Airports gezeigt und im Anschluss erläutert.

---

[71] Müller 2010, S.1.

6.1 Frankfurt am Main (FRA)

6.1.1 Terminal 1

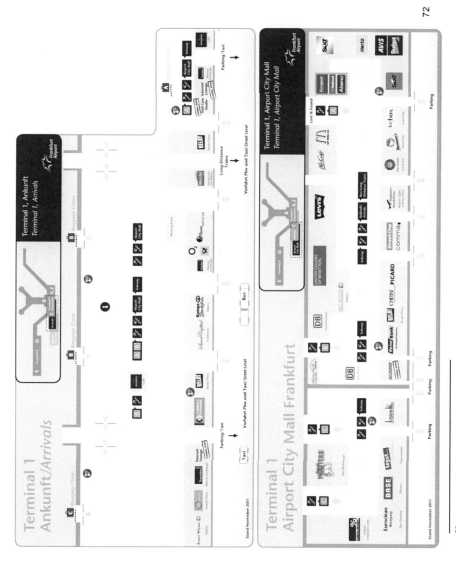

72 Quelle: Shopping & Dining Guide Terminal 1 (Frankfurt Airport); S.4. Stand November 2011

Passenger-Split

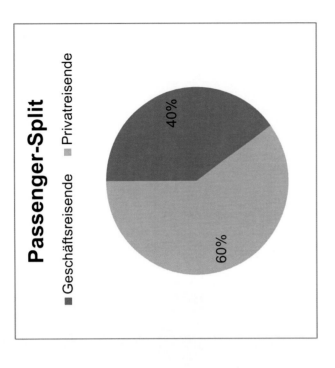

■ Geschäftsreisende ■ Privatreisende

Branchen	⇅ FRA	%
Gastronomie	58	26,36%
Mode, Leder & Accessoires	39	17,73%
Service	32	14,55%
Bücher & Zeitschriften	18	8,18%
Uhren, Schmuck & Brillen	16	7,27%
Souvenirs & Interior	15	6,82%
Duty Free & Travel Value	14	6,36%
Foto & Elektronik	11	5,00%
Sonstiges	8	3,64%
Health & Beauty	5	2,27%
Delikatessen & Süßwaren	2	0,91%
Spielzeug & Kinderartikel	2	0,91%
Summe	**220**	**100%**

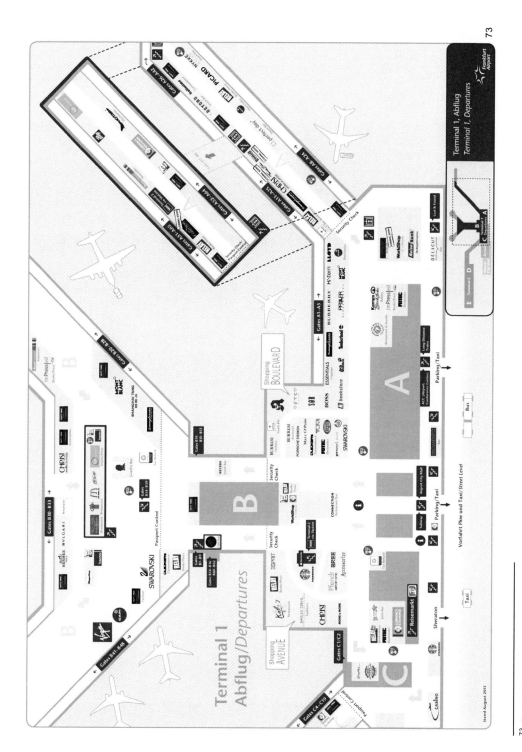

73 Quelle: Shopping & Dining Guide Terminal 1 (Frankfurt Airport); S.3. Stand November 2011

Zusätzliche Service-Einrichtungen:

53 Reisebüros, 7 Autovermietungen (Alamo, Avis, Budget, Europcar, Hertz, National, Sixt)

Besonderheiten:

Kernöffnungszeiten: **Airside:**   **7.30 Uhr bis 21.30 Uhr**

Landside: 9.00 Uhr bis 20.00 Uhr

Ladenschlussgesetz Hessen: 0-24 Uhr + 4 Sonntage pro Jahr

6.1.2 Terminal 2

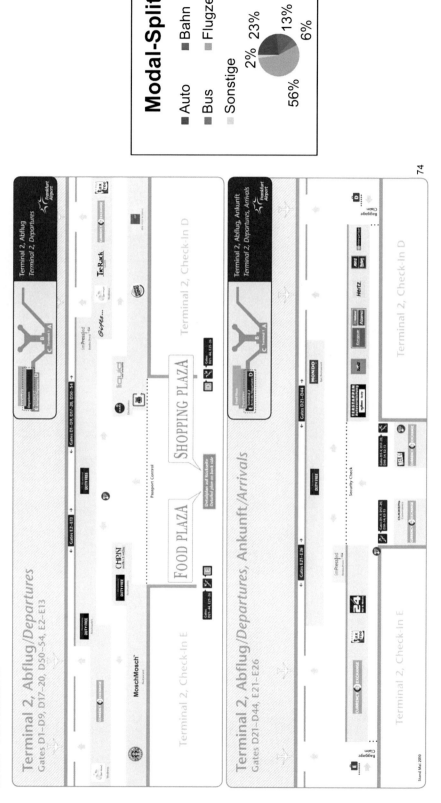

[74] Quelle: Shopping & Dining Guide Terminal 2 (Frankfurt Airport); S.2. Stand Mai 2010.

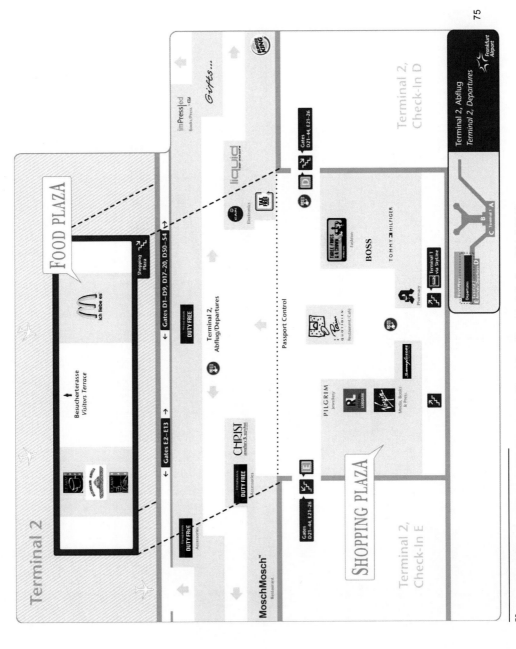

75 Quelle: Shopping & Dining Guide Terminal 2 (Frankfurt Airport); S.1. Stand Mai 2010.

Kundengruppen:[76]

Passagiere : 56,3 Mio.

Besucher: rund 15 Mio.

Beschäftigte am Flughafen-Gelände: rund 75.000

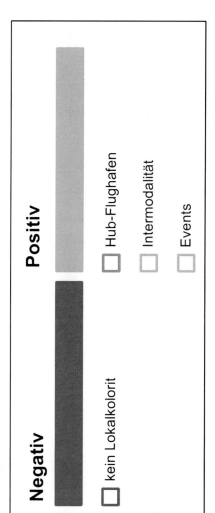

Negativ **Positiv**

☐ kein Lokalkolorit

☐ Hub-Flughafen

☐ Intermodalität

☐ Events

93

[76] Expertengespräch mit Helene Willert, Fraport AG, 4. Mai 2012.

Der Flughafen Frankfurt ist der passagier- und frachtstärkste Flughafen Deutschlands und ein internationales Luftverkehrsdrehkreuz mit dem höchsten Anteil an Transferpassagieren (54% im Jahr 2011). Der Flughafen hat ein Satelliten Terminal und ein Pier mit derzeit 20.000m² für Shopping und 8.000m² für Service und Gastronomie. Noch im Jahr 2012 sollen am Flugsteig Nord zusätzlich 60 Shops und Gastronomieeinheiten auf weiteren 10.000m² im Flugbereich A-Plus entstehen. Der Flugsteig B wird im gleichen Zeitraum komplett neu gestaltet. Derzeit ist die Aufteilung der Retaileinheiten auf Air- und Landside nahezu ausgeglichen. Mit den neu gestalteten Flächen wird der Überhang demnächst auf der Airside des Flughafens liegen, was den propagierten Fokus auf internationale Passagiere (Airside) des Flughafens widerspiegelt.

Ein sehr großer Vorteil des Frankfurter Flughafens ist seine optimale Anbindung an alle Verkehrsmittel. Durch die ICE-Haltestelle im neuen flughafennahen Gebäude The Squaire hat sich das Einzugsgebiet nochmals wesentlich vergrößert. Des Weiteren geht der Flughafenbetreiber in Sachen Events immer neue Wege und bietet neben Fitness-Center, Kino und Diskothek inzwischen sogar ein Casino an.

Ein großes Manko des Airports ist das fehlende Lokalkolorit. Es gibt zwar alle für Einzelhandel am Flughafen bekannte Marken, teilweise sogar mehrfach, aber nach einem größeren Angebot an lokalen Spezialitäten im Einzelhandel oder der Gastronomie sucht man (bisher) vergeblich. Dadurch ist der Flughafen für die vor allem ausländischen Gäste nichts Besonderes und austauschbar. Möglicherweise ist dies eine Erklärung dafür, dass Frankfurt bisher nie einen Skytrax-Award erhielt. Für diesen Award werden Flughäfen von den Kunden in Sachen Service, Freundlichkeit oder auch Einkaufs- und Unterhaltungsangebot in 40 verschiedenen Kategorien bewertet. Der beste deutsche Flughafen ist 2012 München, auf Rang 6, Frankfurt liegt nur auf Platz 15.[1]

---

[1] The World's Top Airports: ranking 1 to 20 (2012).

6.2 München Franz Josef Strauß (MUC)

6.2.1 Terminal 1

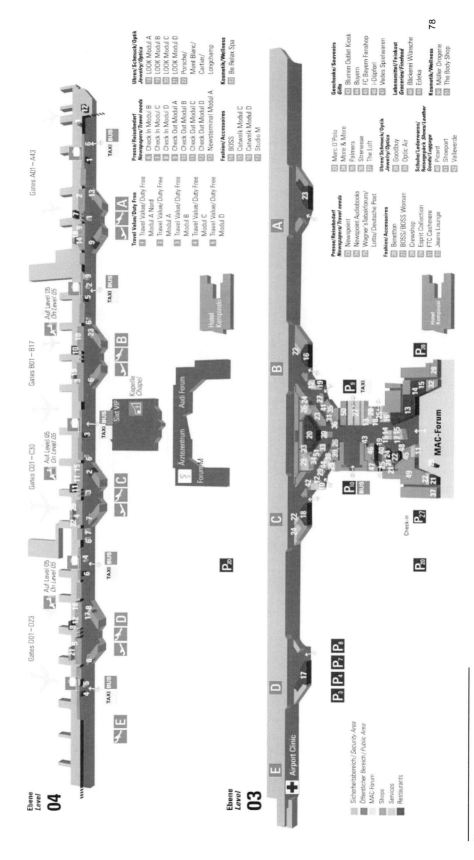

Ebene / Level 04

Gates D01–D23 Gates C01–C30 Gates B01–B17 Gates A01–A43

Auf Level 05 / On Level 05

Ebene / Level 03

Sicherheitsbereich / Security Area
Öffentlicher Bereich / Public Area
MAC-Forum
Shops
Services
Restaurants

Travel Value/Duty Free
1 Travel Value/Duty Free Modul A Nord
2 Travel Value/Duty Free Modul A
3 Travel Value/Duty Free Modul B
4 Travel Value/Duty Free Modul C
5 Travel Value/Duty Free Modul D

Presse/Reisebedarf *Newspapers/Travel needs*
6 Check In Modul B
7 Check In Modul C
8 Check In Modul D
9 Check Out Modul A
10 Check Out Modul B
11 Check Out Modul C
12 Check Out Modul D
13 Newsterminal Modul A

Fashion/Accessoires
14 BOSS
15 Catwalk Modul C
16 Catwalk Modul D
17 Studio M

Uhren/Schmuck/Optik *Jewelry/Optics*
18 LOOK Modul A
19 LOOK Modul B
20 LOOK Modul C
21 LOOK Modul D
22 Porsche / Mont Blanc / Cartier / Longchamp

Kosmetik/Wellness
23 Be Relax Spa

Presse/Reisebedarf *Newspapers/Travel needs*
23 Newspoint
24 Newspoint Audiobooks
25 Wagner's Tabak&forum / Lotto/Deutsche Post

Fashion/Accessoires
26 Benetton
27 BOSS/BOSS Woman
28 Crewshop
29 Esprit Collection
30 FTC Cashmere
31 Jeans Lounge
32 Marc O'Polo
33 More & More
34 Palmers
35 Strenesse
36 The Loft

Uhren/Schmuck/Optik *Jewelry/Optics*
37 Goodbuy
38 Optic Air

Schuhe/Lederwaren, Reisegepäck *Shoes/Leather Goods/Luggage*
39 Picard
40 Shoesport
41 Valleverde

Geschenke/Souvenirs *Gifts*
42 Blumen Outlet Kiosk
43 Bayern
44 FC Bayern Fanshop
45 i-Düpferl
46 Vedes Spielwaren

Lebensmittel/Feinkost *Groceries/Finefood*
47 Bäckerei Wünsche
48 Edeka

Kosmetik/Wellness
49 Müller Drogerie
50 The Body Shop

Airport Clinic

Audi Forum

Hotel Kempinski

Forum M

Ärztezentrum

Kapelle / Chapel

Sixt VIP

MAC-Forum

Check-in

TAXI BUS

78

[78] Lageplan Terminal 1/MAC und 2; www.munich-airport.de, Abruf vom 09.04.2012.

Branchen

Branchen	MUC	%
Mode, Leder & Accessoires	58	28,57%
Gastronomie	48	23,65%
Service	23	11,33%
Souvenirs & Interior	20	9,85%
Uhren, Schmuck & Brillen	13	6,40%
Health & Beauty	13	6,40%
Bücher & Zeitschriften	8	3,94%
Duty Free & Travel Value	7	3,45%
Sonstiges	5	2,46%
Foto & Elektronik	4	1,97%
Delikatessen & Süßwaren	2	0,99%
Spielzeug & Kinderartikel	2	0,99%
Summe	**203**	**100%**

Non-Aviation Flächen am Flughafen München

Fläche (m²)	Insgesamt	Terminal 1	MAC	Terminal 2
Retailfläche	**35.324**	**7.483**	**11.023**	**16.818**
Airside	15.412	4.161	0	11.251
Landside	19.912	3.322	11.023	5.567
Davon Einzelhandel/ Service	**20.135**	**3.490**	**5.719**	**10.926**
Airside	10.771	2.723	0	7.988
Landside	9.424	768	5.719	2.938
Davon Gastronomie	**15[79].189**	**3.993**	**5.305**	**5.891**
Airside	4.701	1.438	0	3.263
Landside	10.488	2.554	5.305	2.629

Passenger-Split

- Geschäftsreisende 57%
- Privatreisende 43%

[79] Broschüre „Flughafen München – Der Standort für Ihren Erfolg", S.4; Stand: März 2010.

6.2.2 Terminal 2

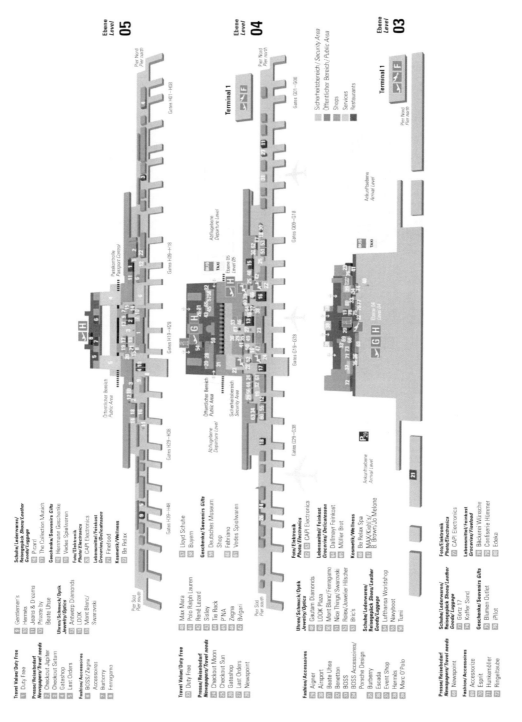

Travel Value/Duty Free
Duty Free

Presse/Reisebedarf
Newspapers/Travel needs
Checkout Jupiter
Checkout Saturn
Gateshop
Last Orders

Fashion/Accessoires
BOSS/Zegna
Accessoires
Burberry
Ferragamo

Travel Value/Duty Free
Duty Free

Presse/Reisebedarf
Newspapers/Travel needs
Checkout Moon
Checkout Sun
Gateshop
Last Orders
Newspoint

Fashion/Accessoires
Aigner
Airsport
Beate Uhse
Benetton
BOSS
BOSS Accessoires
Porsche Design
Burberry
Escada
Event Shop
Hermes
Marc O'Polo

Presse/Reisebedarf
Newspapers/Travel needs
Newspoint

Fashion/Accessoires
Esprit
Hunkemöller
Ringeltaube

Schuhe/Lederwaren/
Reisegepäck *Shoes/Leather*
Goods/Luggage
Picard

Gentleman's
Hermes
Jeans & Dreams
Private by
Beate Uhse

Uhren/Schmuck/Optik
Jewelry/Optics
Antwerp Diamonds
LOOK
Mont Blanc/
Swarovski

Schuhe/Lederwaren/
Reisegepäck *Shoes/Leather*
Goods/Luggage
The Collection Munich

Geschenke/Souvenirs *Gifts*
Hermann Geschenke
Vedusi Spielwaren

Foto/Elektronik
Photo/Electronics
CAPI Electronics

Lebensmittel/Feinkost
Groceries/Delicatessen
Finefood

Kosmetik/Wellness
Be Relax

Uhren/Schmuck/Optik
Jewelry/Optics
Max Mara
Polo Ralph Lauren
René Lezard
Sisley
Tie Rack
P'NA
Zegna
Bvlgari

Geschenke/Souvenirs *Gifts*
Deutsches Museum
Shop
Fabriano
Vedes Spielwaren

Uhren/Schmuck/Optik
Jewelry/Optics
Gautam Diamonds
LOOK Plaza
Mont Blanc/Ferragamo
Nice Things/Swarovski
Rolex/Juwelier Hilscher
Bric's

Schuhe/Lederwaren/
Reisegepäck *Shoes/Leather*
Goods/Luggage
Lufthansa Worldshop
Navyboot
Tumi

Schuhe/Lederwaren/
Reisegepäck *Shoes/Leather*
Goods/Luggage
Görtz 17
Koffer Sand

Geschenke/Souvenirs *Gifts*
Blumen Outlet
Pilot

Lloyd Schuhe
Bayern

Foto/Elektronik
Photo/Electronics
CAPI Electronics

Lebensmittel/Feinkost
Groceries/Delicatessen
Dallmayr Feinkost
Müller Brot

Kosmetik/Wellness
Be Relax Spa
MAX/(Kieh)'s/
B. Brown/Jo Melone

Foto/Elektronik
Photo/Electronics
CAPI Electronics

Lebensmittel/Feinkost
Groceries/Feinkost
Bäckerei Wünsche
Confiserie Hummer
Edeka

Ebene
Level
05

Pier Nord
Pier north

Gates H01–H08

Gates H29–H48

Gates H19–H28

Gates H29–H28

Pier Süd
Pier south

Öffentlicher Bereich
Public Area

Passkontrolle
Passport Control

Ebene
Level
04

Terminal 1

Pier Nord
Pier north

Gates H09–H18

Gates G19–G28

Gates G29–G38

Abflugebene
Departure Level

Ebene 05
Level 05

Öffentlicher Bereich
Public Area

Sicherheitsbereich
Security Area

TAXI

Ebene
Level
03

Terminal 1

Pier Nord
Pier north

Gates G09–G18

Ankunftsebene
Arrival Level

Ebene 04
Level 04

TAXI

P

Sicherheitsbereich/ *Security Area*
Öffentlicher Bereich / *Public Area*
Shops
Services
Restaurants

97

Kundengruppen:[80]

Passagiere: 37,6 Mio.

Besucher: rund 8 Mio.

Beschäftigte am Flughafen-Gelände: rund 32.000

Zusätzliche Service-Einrichtungen:

23 Reisebüros

6 Autovermietungen (Avis, Europcar, Hertz, National, Sixt, Terstappen)

Besonderheiten:

Kernöffnungszeiten:	**Airside:**	**7.30 Uhr bis 21.00 Uhr**
	Landside:	7.30 Uhr bis 21.00 Uhr

Ladenschlussgesetz Bayern: 6-20 Uhr + 4 Sonn-/ Feiertage

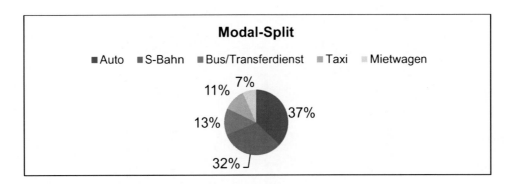

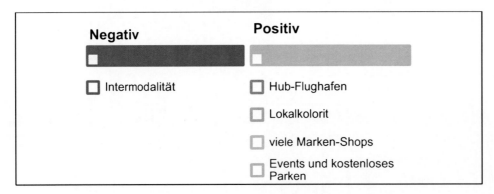

---

[80] Expertengespräch mit Claudia Bruckmaier, Flughafen München GmbH, 03. Mai 2012.

Der Flughafen München ist der zweite internationale Hub Deutschlands und fertigte 2011 mehr als 37,6 Mio. Passagiere ab, der Anteil der Transfer-Passagiere lag bei 40%. München Franz-Josef Strauß ist bislang der jüngste komplett neu erbaute Flughafen Deutschlands und löste 1992 den Flughafen Riem ab. Damals wurde das Terminal 1 erbaut, im Jahr 2003 folgte Terminal 2 – bei beiden Terminals handelt es sich um Pierkonstruktionen. Am 23.04.2012 wurde nun der Grundstein für Terminal 3 gelegt. Dieses wird als Satelliten-Terminal konstruiert und durch ein unterirdisches Personentransportsystem an Terminal 2 angebunden werden. Zu den bisher vorhandenen 35.324m² Retailfläche werden weitere 9.000m² für Einzelhandel- und Gastronomieeinheiten hinzukommen. Die Inbetriebnahme ist für 2015 geplant, die Kapazität wird um weitere 11 Mio. Passagiere erhöht. Wie schon Terminal 2 wird das Projekt in einem Joint Venture aus FMG (Flughafen München GmbH) und der Lufthansa realisiert (Ryll 2012). Somit werden künftig Terminal 2 und 3 exklusiv von der Lufthansa und anderen der Star Alliance Fluggesellschaften genutzt werden können.

Der gravierendste negative zu bewertende Aspekt des Flughafens München ist die fehlende Anbindung an den Schienenverkehr und somit das europäische Hochgeschwindigkeitsnetz. Viele Jahre wurde eine Verbindung der Münchener City und dem Flughafen durch den Transrapid favorisiert – erst im Frühjahr 2008 wurde dieser Lösungsansatz verworfen. Um künftig die Position als internationaler Hub verteidigen zu können, ist eine schnellstmögliche Bahnanbindung unabdingbar.

Ansonsten verlief die Entwicklung des Flughafens durchaus positiv. München sticht bei den Passagieren und Besuchern durch seinen hervorragenden Service und die verschiedensten Events wie Weihnachtsmarkt und Eislaufbahn immer wieder hervor. So erhielt der Flughafen in den letzten sieben Jahren sechs Mal einen Skytrax-Award. Auch ist München der einzige Flughafen Deutschlands der kostenloses Parken, in Abhängigkeit vom Einkaufswert, für Besucher und Umlandbewohner bietet.

6.3 Düsseldorf (DUS)

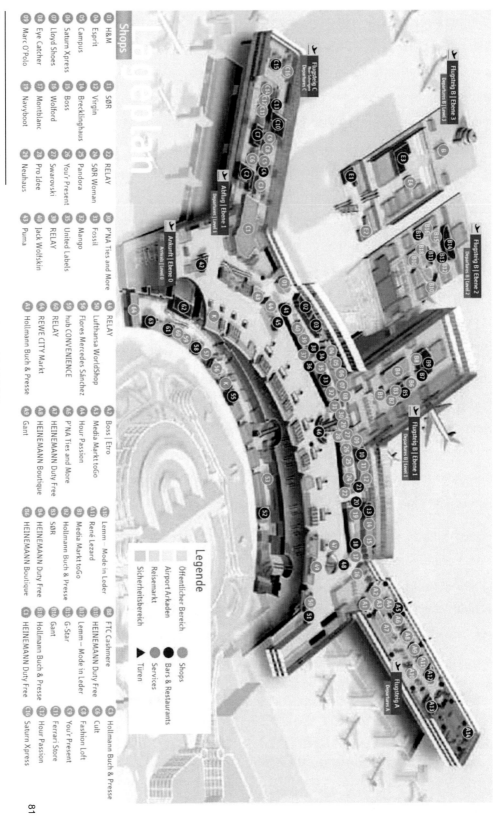

Lageplan

Flugsteig C | Ebene 3 · Departures C | Level 3
Flugsteig C · Non-Schengen · Departures C
Flugsteig B | Ebene 3 · Departures B | Level 3
Abflug | Ebene 1 · Departures | Level 1
Ankunft | Ebene 0 · Arrivals | Level 0
Flugsteig B | Ebene 2 · Departures B | Level 2
Flugsteig B | Ebene 1 · Departures B | Level 1
Flugsteig A · Departures A

Legende

Öffentlicher Bereich	● Shops
Airport Arkaden	● Bars & Restaurants
Reisemarkt	● Services
Sicherheitsbereich	▲ Türen

Shops

01 H&M	11 SØR
04 Esprit	12 Virgin
05 Campus	14 Brecklinghaus
06 Saturn Xpress	15 Boss
07 Lloyd Shoes	16 Wolford
08 Eye Catcher	17 Montblanc
09 Marc O'Polo	19 Navyboot

22 RELAY	30 P'NA Ties and More
24 SØR Woman	31 Fossil
25 Pandora	32 Mango
26 You'r Present	33 United Labels
27 Swarovski	38 RELAY
28 Pro Idee	40 Jack Wolfskin
29 Neuhaus	43 Puma

44 RELAY	42 Boss	Etro
50 Lufthansa WorldShop	43 Media Markt toGo
56 Flores Mercedes Sánchez	49 Hour Passion
55 hub CONVENIENCE	44 P'NA Ties and More
60 RELAY	46 P'NA Ties and More
64 REWE CITY Markt	47 HEINEMANN Duty Free
41 Hollmann Buch & Presse	48 HEINEMANN Boutique
	49 Gant

A10 Lemm – Mode in Leder	A8 FTC Cashmere
A11 René Lezard	A10 HEINEMANN Duty Free
A12 Media Markt toGo	A11 Lemm – Mode in Leder
A13 Hollmann Buch & Presse	A9 G-Star
A14 SØR	A3 Hollmann Buch & Presse
A15 Gant	A5 Cut
A16 HEINEMANN Duty Free	A2 Fashion Loft
A6 HEINEMANN Boutique	A9 You'r Present
	A1 Ferrari Store
	A2 Hour Passion
	A0 Saturn Xpress

81 Shopping Guide, S. 4; www.duesseldorf-international.de; Abruf vom 07.12.2011.

81

Branchen	DUS	%
Gastronomie	38	33,04%
Mode, Leder & Accessoires	32	27,83%
Bücher & Zeitschriften	7	6,09%
Uhren, Schmuck & Brillen	6	5,22%
Service	6	5,22%
Souvenirs & Interior	6	5,22%
Sonstiges	4	3,48%
Foto & Elektronik	4	3,48%
Delikatessen & Süßwaren	4	3,48%
Duty Free & Travel Value	4	3,48%
Health & Beauty	3	2,61%
Spielzeug & Kinderartikel	1	0,87%
Summe	**115**	**100%**

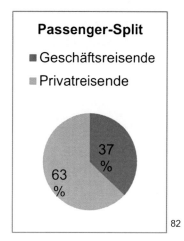

Passenger-Split
- Geschäftsreisende
- Privatreisende

37 %
63 %

[82]

Kundengruppen:

Passagiere: 20,3 Mio.

Besucher: wird nicht gemessen

Mitarbeiter am Standort: rund 17.000

Zusätzliche Service-Einrichtungen:

45 Reisebüros, 4 Autovermietungen (Avis, Europcar, Hertz, Sixt)

Besonderheiten:

Kernöffnungszeiten: Airside: ab 5.00 Uhr bis (abhängig vom Flugplan)

Landside: 7.30 Uhr bis 21.00 Uhr

Ladenschlussgesetz Nordrheinwestfalen: 0-24 Uhr + 4 Sonntage

---

[82] Expertengespräch mit Pia Klauk, Flughafen Düsseldorf GmbH, 9. Mai 2012.

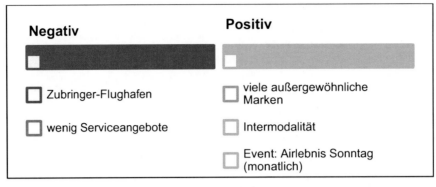

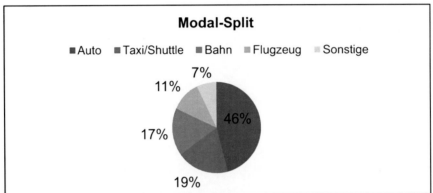

Der Düsseldorfer Flughafen ist geprägt vom Charterverkehr der Reiseanbieter. Indizien hierfür sind die vielen Reisebüros und der Anteil der Privatreisenden in Höhe von 63%. Im Jahr 2011 wurden 20,3 Mio. Passagiere am größten Flughafen Nordrheinwestfalens abgefertigt, er ist somit der drittgrößte Airport Deutschlands. Das Terminal hat ein C-förmiges Pier und bietet insgesamt 16.400m² für Retailaktivitäten. Auf der Airside stehen 5.200m² für Einzelhandel und 2.600m² für Gastronomie zur Verfügung. Auf der Landside überwiegt der Platz für Essen und Trinken mit 4.900m², für Shopping bleiben 3.700m².

Bei Betrachtung der Branchenverteilung fällt auf, dass es sehr wenig Angebot im Servicebereich gibt. Vor allem die Dienstleister die von den Airline Crews genutzt werden, wie zum Beispiel Frisör oder Reinigung, sucht man auf dem Flughafengelände vergebens. Ein weiterer Nachteil des Flughafens ist seine räumliche Nähe zum Hub Frankfurt. Somit ist sehr unwahrscheinlich, dass das selbst gesteckte Ziel, eine Hub-Funktion zu erlangen, erreicht werden kann.

Positiv fällt am Flughafen Düsseldorf auf, dass er intermodal sehr gut erschlossen ist, viele besondere Marken bietet und auch im Bereich der Events aktiv ist. So werden am monatlich stattfindenden „Airlebnis Sonntag" Kinderattraktionen, kostenlose Besucherrundfahrten, Gewinnspiele und vieles mehr veranstaltet.

6.4   Hamburg Fuhlsbüttel (HAM)

6.4.1 Landside

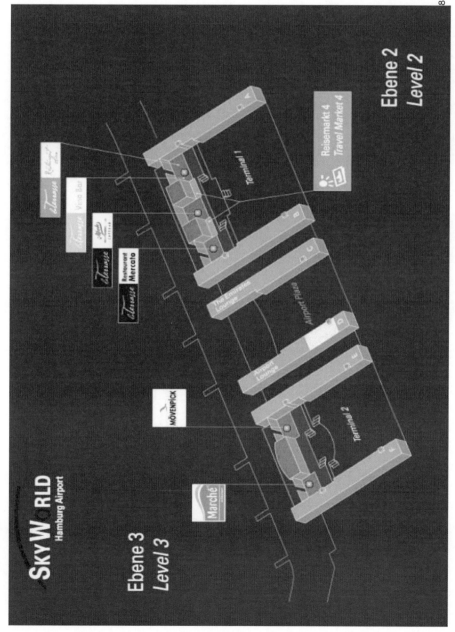

83 Eigene Bearbeitung von Abrufen der Skyworld, www.airport.de; Abrufe vom 16.04.2012.

Ebene 0 - Ankunft
Level 0 - Arrivals

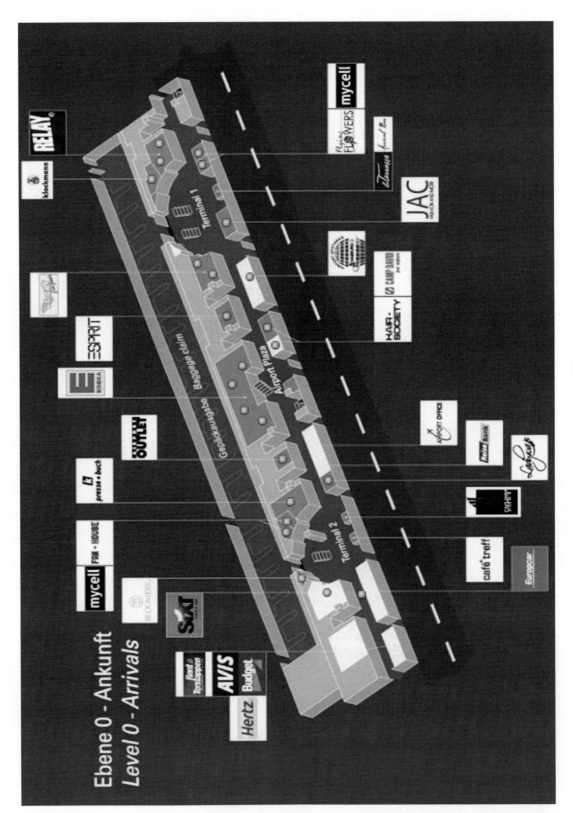

6.4.2 Airside

Ebene 1 - Abflug
Level 1 - Departures

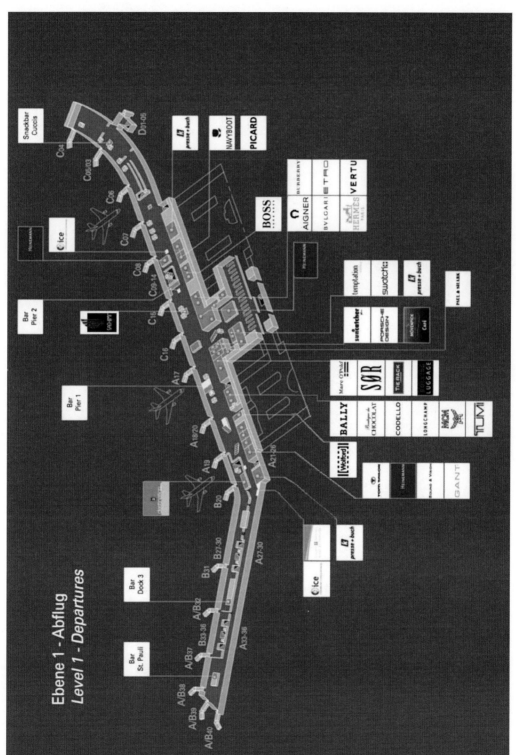

Branchen	↴ HAM	%
Gastronomie	24	27,59%
Mode, Leder & Accessoires	21	24,14%
Service	12	13,79%
Souvenirs & Interior	7	8,05%
Bücher & Zeitschriften	7	8,05%
Foto & Elektronik	5	5,75%
Uhren, Schmuck & Brillen	3	3,45%
Sonstiges	3	3,45%
Health & Beauty	3	3,45%
Duty Free & Travel Value	2	2,30%
Summe	**87**	**100%**

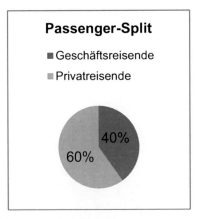

Kernöffnungszeiten: **Airside:**   **6.00 Uhr bis 22.00 Uhr**

Landside: 9.00 Uhr bis 21.00 Uhr

Ladenschlussgesetz Hamburg: 0-24 Uhr + 4 Sonntage

Kundengruppen:[84]

Passagiere: 13,56 Mio.

Besucher: rund 11,5 Mio.

Beschäftigte am Flughafen-Gelände (inkl. Lufthansa-Technik): ca. 15.000

Aufenthaltsdauer am Airport (Median):

Geschäftsreisende: 85 Minuten

Privatreisende: 114 Minuten

Non-Aviation Flächen am Flughafen Hamburg			
Fläche (m²)	Retail	Gastronomie	Gesamt
Terminal 1	850	1.780	2.630
Terminal 2	1.000	1.600	2.600
Pier	1.900	1.100	3.000
Plaza	2.250	1.280	3.530
Summe			**11.760**

Zusätzliche Service-Einrichtungen:

23 Reisebüros

6 Autovermietungen (Avis, Budget, Europcar, Hertz, Sixt, Terstappen)

---

[84] Expertengespräch mit Lutz Deubel, Bereichsleiter Center Management der Flughafen Hamburg GmbH, 3. Mai 2012.

Besonderheiten:

Negativ	Positiv
▮	▮
☐ Fehlende Branchen: Delikatessen & Süßwaren; Spielzeug & Kinderartikel	☐ Skytrax Award
☐ Zubringer-Flughafen	☐ kurze Wege

Im Jahr 2011 starteten und landeten 13,5 Mio. Passagiere am Flughafen Hamburg Fuhlsbüttel. Die Architektur des Terminals entspricht einem gebogenen Pier mit mittig liegendem Marktplatz. Der Airport überzeugt mit seinem Konzept der kurzen Wege – alle Abflug-Gates sind maximal acht Gehminuten von der Sicherheitskontrolle entfernt. Es gibt 8.000 Stellplätze direkt gegenüber dem Terminal sowie eine S-Bahn-Station unter den Gebäuden. Dieses Konzept scheint bei den Passagieren punkten zu können, denn im Jahr 2011 wurde der Flughafen als bester Non-Hub-Flughafen Europas mit dem Skytrax-Award ausgezeichnet.

Die Fläche für Retail ist mit 4.450m² für Shops und 2.630m² für Gastronomie deutlich geringer als bei den bisher vorgestellten Airports. Des Weiteren fehlen die Branchen Delikatessen & Süßwaren bzw. Spielzeug & Kinderartikel komplett. Das Management sollte hier nachbessern, um die ständig steigenden Kundenbedürfnisse befriedigen zu können.

6.5 Stuttgart (STR)

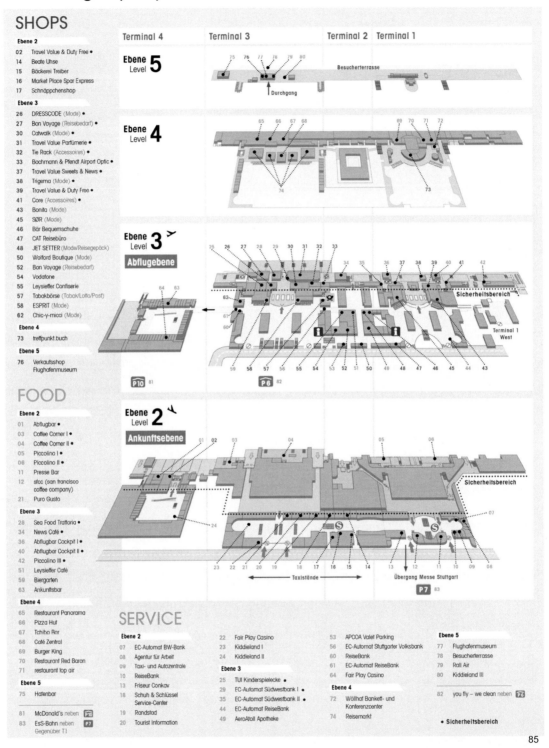

SHOPS

Ebene 2
02	Travel Value & Duty Free ●
14	Beate Uhse
15	Bäckerei Treiber
16	Market Place Spar Express
17	Schnäppchenshop

Ebene 3
26	DRESSCODE (Mode) ●
27	Bon Voyage (Reisebedarf) ●
30	Catwalk (Mode) ●
31	Travel Value Parfümerie ●
32	Tie Rack (Accessoires) ●
33	Bachmann & Pfandt Airport Optic ●
37	Travel Value Sweets & News ●
38	Trigema (Mode) ●
39	Travel Value & Duty Free ●
41	Core (Accessoires) ●
43	Bonita (Mode)
45	SØR (Mode)
46	Bär Bequemschuhe
47	CAT Reisebüro
48	JET SETTER (Mode/Reisegepäck)
50	Wolford Boutique (Mode)
52	Bon Voyage (Reisebedarf)
54	Vodafone
55	Leysieffer Confiserie
57	Tabakbörse (Tabak/Lotto/Post)
58	ESPRIT (Mode)
62	Chic-y-micci (Mode)

Ebene 4
73	treffpunkt.buch

Ebene 5
76	Verkaufsshop Flughafenmuseum

FOOD

Ebene 2
01	Abflugbar ●
03	Coffee Corner I ●
04	Coffee Corner II ●
05	Piccolino I ●
06	Piccolino II ●
11	Presse Bar
12	sfcc (san francisco coffee company)
21	Puro Gusto

Ebene 3
28	Sea Food Trattoria ●
34	News Café ●
36	Abflugbar Cockpit I ●
40	Abflugbar Cockpit II ●
42	Piccolino III ●
51	Leysieffer Café
59	Biergarten
63	Ankunftsbar

Ebene 4
65	Restaurant Panorama
66	Pizza Hut
67	Tchibo Bar
68	Café Zentral
69	Burger King
70	Restaurant Red Baron
71	restaurant top air

Ebene 5
75	Hafenbar

81	McDonald's neben	P10
83	EsS-Bahn neben Gegenüber T1	P7

SERVICE

Ebene 2
07	EC-Automat BW-Bank
08	Agentur für Arbeit
09	Taxi- und Autozentrale
10	ReiseBank
13	Friseur Conkav
18	Schuh & Schlüssel Service-Center
19	Randstad
20	Tourist Information

Ebene 3
25	TUI Kinderspielecke ●
29	EC-Automat Südwestbank I ●
35	EC-Automat Südwestbank II ●
44	EC-Automat ReiseBank
49	AeroAtoll Apotheke

22	Fair Play Casino
23	Kiddieland I
24	Kiddieland II

53	APCOA Valet Parking
56	EC-Automat Stuttgarter Volksbank
60	ReiseBank
61	EC-Automat ReiseBank
64	Fair Play Casino

Ebene 4
72	Wöllhaf Bankett- und Konferenzcenter
74	Reisemarkt

Ebene 5
77	Flughafenmuseum
78	Besucherterrasse
79	Rail Air
80	Kiddieland III

82	you fly – we clean neben P6

● Sicherheitsbereich

---
[85] Lageplan; www.flughafen-stuttgart.de; Abruf vom 27.12.2011.

Zusätzliche Service-Einrichtungen:

27 Reisebüros

6 Autovermietungen (Avis, Enterprise, Europcar, Hertz, Sixt, Terstappen)

Besonderheiten:

Kernöffnungszeiten:

Airside: 6.30 Uhr bis 21.00 Uhr (abhängig vom Flugbetrieb)

Landside: 8.00 Uhr bis 20.00 Uhr

Ladenschlussgesetz Baden-Württemberg: 0-24 Uhr + 3 Sonntage

Branchen	↙ STR	%
Gastronomie	25	37,88%
Mode, Leder & Accessoires	14	21,21%
Service	13	19,70%
Sonstiges	3	4,55%
Duty Free & Travel Value	3	4,55%
Bücher & Zeitschriften	3	4,55%
Souvenirs & Interior	1	1,52%
Delikatessen & Süßwaren	1	1,52%
Foto & Elektronik	1	1,52%
Uhren, Schmuck & Brillen	1	1,52%
Health & Beauty	1	1,52%
Summe	**66**	**100%**

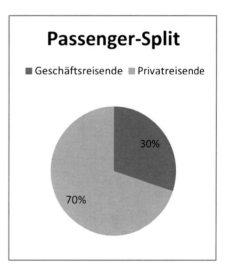

Kundengruppen:[86]

Passagiere: 9,5 Mio.

Besucher: rund 4 Mio.

Beschäftigte am Flughafen-Gelände: rund 9.500

---

[86] Expertengespräch mit Eva Neuwirth, Flughafen Stuttgart GmbH, 3. Mai 2012.

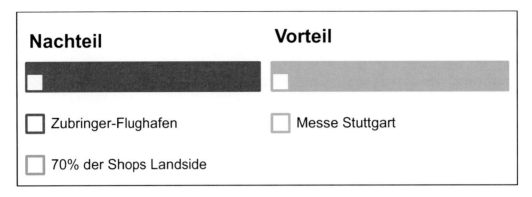

Nachteil	Vorteil
☐ Zubringer-Flughafen	☐ Messe Stuttgart
☐ 70% der Shops Landside	

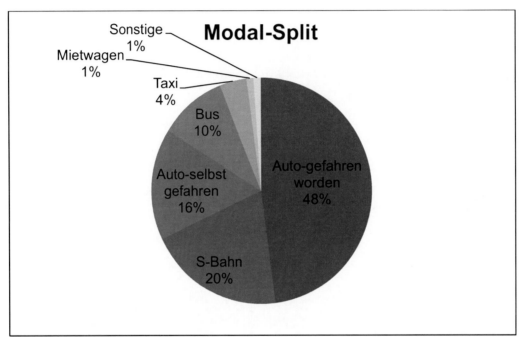

Der Flughafen Stuttgart ist mit 9,5 Mio. Passagieren in 2011 der passagierschwächste Flughafen der detailliert vorgestellt wird. Mit bis zu 400 Starts und Landungen pro Tag werden über 100 Flugziele angeflogen. Die beiden wichtigsten Zielländer waren 2010 Spanien mit einem Anteil von 22,1% und die Türkei mit 17,4%. Innerhalb Deutschlands waren Berlin (33,1%) und Hamburg (25,2%) die wichtigsten Flugziele.

Die vier Terminals bieten Platz für 5.900m² Shops und 4.500m² Gastronomie, wobei 70% der Retaileinheiten auf der Landside liegen. Die Terminalstruktur ist linear mit vorgelagerten Gebäuden. Die Terminals 1,3 und 4 wickeln sowohl Ankunft als auch den Abflug ab, das Terminal 2 hingegen nur Abflüge. Ein großer Vorteil für den Flughafen ist das Messegelände Stuttgart, das direkt an den Flughafen angrenzt. Die Messe sichert einen kalkulierbaren Kundenstrom und andererseits partizipiert die Messe an der simplen Erreichbarkeit des Messestandortes.

6.6   Berlin Brandenburg Airport Willy Brandt (BER)

6.6.1 Landside [87]

Ebene -1 | Level -1

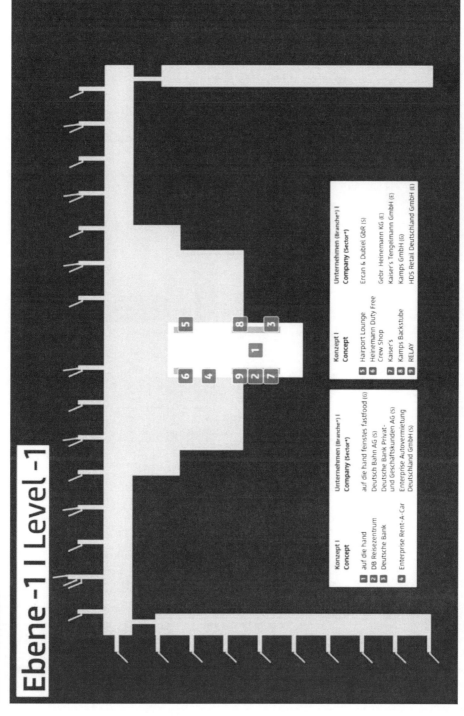

Konzept | Concept	Unternehmen (Branche[a]) | Company (Sector[a])
1 auf die hand	auf die hand feinstes fastfood (G)
2 DB Reisezentrum	Deutsch Bahn AG (S)
3 Deutsche Bank	Deutsche Bank Privat- und Geschäftskunden AG (S)
4 Enterprise Rent-A-Car	Enterprise Autovermietung Deutschland GmbH (S)

Konzept | Concept	Unternehmen (Branche[a]) | Company (Sector[a])
5 Hairport Lounge	Ercan & Dubiel GbR (S)
6 Heinemann Duty Free Crew Shop	Gebr. Heinemann KG (E)
7 Kaiser's	Kaiser's Tengelmann GmbH (E)
8 Kamps Backstube	Kamps GmbH (G)
9 RELAY	HDS Retail Deutschland GmbH (E)

[87] Broschüre „Shops, Restaurants & Services" Berlin Brandenburg Airport Willy Brandt; S. 61. Stand: Oktober 2011.

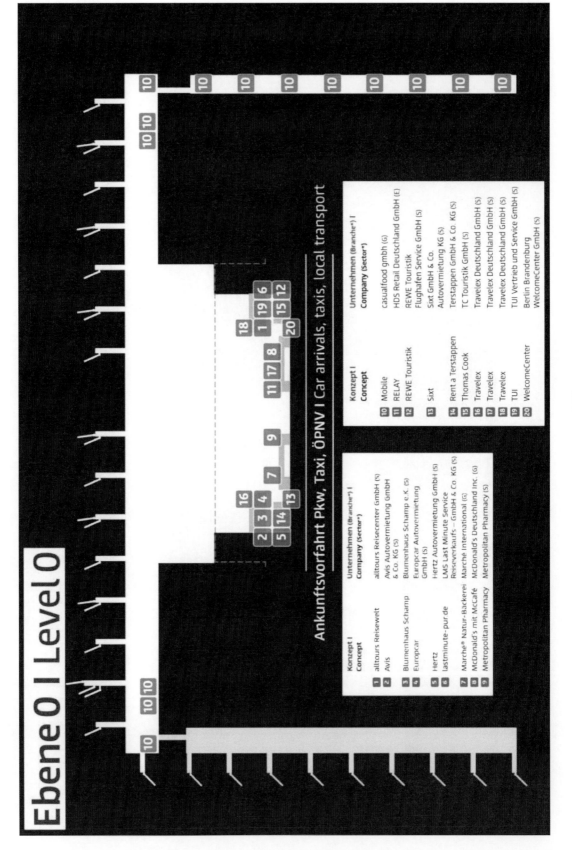

Ebene 0 I Level 0

Ankunftsvorfahrt Pkw, Taxi, ÖPNV I Car arrivals, taxis, local transport

Konzept I Concept	Unternehmen (Branche*) I Company (Sector*)
1 alltours Reisewelt	alltours Reisecenter GmbH (S)
2 Avis	Avis Autovermietung GmbH & Co. KG (S)
3 Blumenhaus Schamp	Blumenhaus Schamp e.K. (S)
4 Europcar	Europcar Autovermietung GmbH (S)
5 Hertz	Hertz Autovermietung GmbH (S)
6 lastminute-pur.de	LMS Last Minute Service Reiseverkaufs – GmbH & Co KG (S)
7 Marché* Natur-Bäckerei	Marché International (G)
8 McDonald's mit Mccafe	McDonald's Deutschland Inc. (G)
9 Metropolitan Pharmacy	Metropolitan Pharmacy (S)

Konzept I Concept	Unternehmen (Branche*) I Company (Sector*)
10 Mobile	casualfood gmbh (G)
11 RELAY	HDS Retail Deutschland GmbH (E)
12 REWE Touristik	REWE Touristik Flughafen Service GmbH (S)
13 Sixt	Sixt GmbH & Co. Autovermietung KG (S)
14 Rent a Terstappen	Terstappen GmbH & Co KG (S)
15 Thomas Cook	TC Touristik GmbH (S)
16 Travelex	Travelex Deutschland GmbH (S)
17 Travelex	Travelex Deutschland GmbH (S)
18 Travelex	Travelex Deutschland GmbH (S)
19 TUI	TUI Vertrieb und Service GmbH (S)
20 WelcomeCenter	Berlin Brandenburg WelcomeCenter GmbH (S)

Ebene 1 I Level 1

Zusätzliche Service-Einrichtungen:

6 Reisebüros

6 Autovermietungen
(Avis, enterprise, Europcar, Hertz, Terstappen, Sixt)

Kernöffnungszeiten:

Airside:

5.30 Uhr bis 23.30 Uhr
(Operating Hours)

Landside:

Ladenschlussgesetz Berlin:
0-24 Uhr + 10 Sonntage
(auch Adventssonntage)

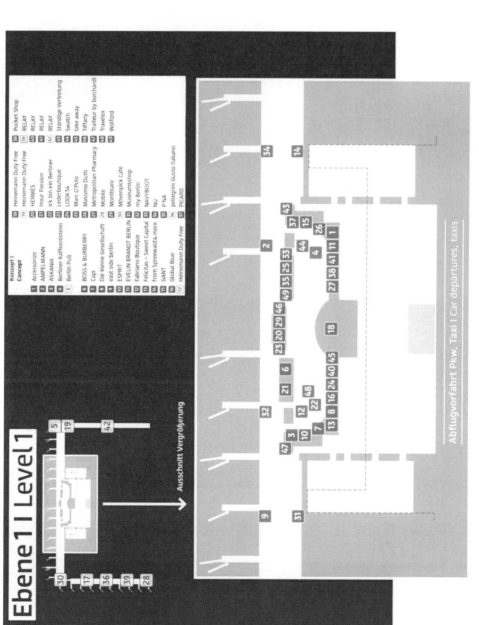

Konzept I
Concept

1	Accessorize	18	Heinemann Duty Free
2	AMPELMANN	19	Heinemann Duty Free
3	ASKANIA	20	HERMES
4	Berliner Kaffeerösterei	22	Hour Passion
5	Berlin Pub	23	ick bin ein Berliner
6	BOSS & BURBERRY	24	LOOK54
7	Capi	25	Marc O'Polo
8	Die kleine Gesellschaft	26	Massimo Dutti
9	east side berlin	27	Metropolitan Pharmacy
10	ESPRIT	28	Mobile
11	EVELIN BRANDT BERLIN	29	Montblanc
12	Fabriano Boutique	30	Mövenpick Café
13	Felicitas – Sweet Capital	31	Museumsshop
14	from Spreewald & more	32	my Berlin
15	GANT	33	NAVYBOOT
16	Global Blue	34	NU
17	Heinemann Duty Free	35	P'NA
		36	pellegrini Gusto Italiano
		37	PICARD

38	Pocket Shop	46	Swatch
39	RELAY	44	take away
40	RELAY	46	Tiffany
41	RELAY	47	Traiteur by borchardt
42	RELAY	48	Travelex
43	Standige Vertretung	50	Wolford

Ausschnitt Vergrößerung

Abflugvorfahrt Pkw, Taxi I Car departures, taxis

[88] Broschüre „Shops, Restaurants & Services" Berlin Brandenburg Airport Willy Brandt; S. 62. Stand: Oktober 2011.

113

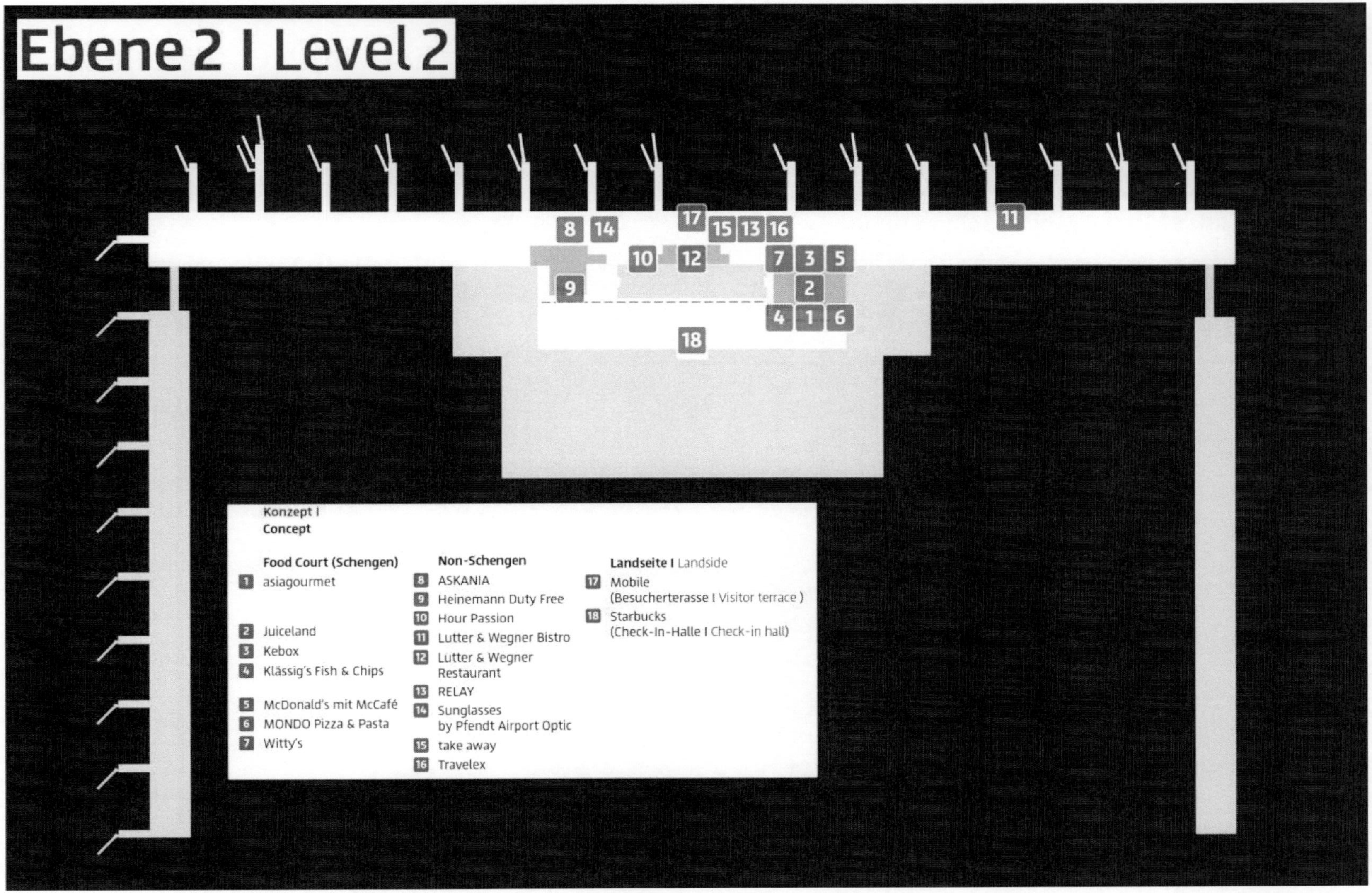
Ebene 2 I Level 2
8
14
17
15
13
16
11
10
12
7
3
5
9
2
4
1
6
18
Konzept I
Concept
Food Court (Schengen)
1 asiagourmet
2 Juiceland
3 Kebox
4 Klässig's Fish & Chips
5 McDonald's mit McCafé
6 MONDO Pizza & Pasta
7 Witty's
Non-Schengen
8 ASKANIA
9 Heinemann Duty Free
10 Hour Passion
11 Lutter & Wegner Bistro
12 Lutter & Wegner Restaurant
13 RELAY
14 Sunglasses by Pfendt Airport Optic
15 take away
16 Travelex
Landseite I Landside
17 Mobile (Besucherterasse I Visitor terrace)
18 Starbucks (Check-In-Halle I Check-in hall)

Geplante Eröffnung: 17. März 2013

Kundengruppen:[89]

Startkapazität: 27 Mio. Passagiere, Erweiterung auf bis zu 45 Mio.

Beschäftigte am Flughafen-Gelände: rund 20.000

Branchen	BER	%
Gastronomie	24	27,91%
Mode, Leder & Accessoires	17	19,77%
Service	14	16,28%
Uhren, Schmuck & Brillen	7	8,14%
Bücher & Zeitschriften	7	8,14%
Souvenirs & Interior	5	5,81%
Duty Free & Travel Value	5	5,81%
Sonstiges	3	3,49%
Delikatessen & Süßwaren	2	2,33%
Foto & Elektronik	1	1,16%
Spielzeug & Kinderartikel	1	1,16%
Summe	**86**	**100%**

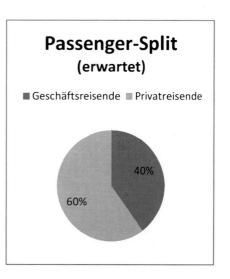

Lokalkolorit: 13 Gastronomiekonzepte aus der Region

Traiteur by borchardt

---

[89] Expertengespräch mit Jessica Lehmann, Flughafen Berlin Brandenburg GmbH, 9. Mai 2012.

und 12 Einzelhandelskonzepte aus der Region:

AMPELMANN GMBH | ASKANIA Berlin 1871 | Confiserie Felicitas | Sweet Capital

Die Kleine Gesellschaft | EVELIN BRANDT BERLIN | from Spreewald & more | LOOK54

Museumsshop Preussische Schlösser und Gärten Berlin Brandenburg | my Berlin. | take away | Blumenhaus SCHAMP [90]

Negativ	Positiv
Zubringer-Flughafen	Lokalkolorit
Fehlende Branche: Health & Beauty	Neueröffnung 2013
voraussichtlich hoher LCC-Anteil	Walk-through-Konzept

Der Flughafen Berlin Brandenburg Willy Brandt wird den IATA Code BER erhalten, wenn er im März 2013 in Betrieb geht. Der Flughafen liegt im Südosten Berlins, südlich des heutigen Flughafens Schönefeld, auf benachbarten Erweiterungsflächen. In einer Nacht werden alle mobilen Geräte, Maschinen und Anlagen zum neuen Hauptstadt-Airport gebracht. In jener Nacht werden die Flughäfen Tegel und Schönefeld zum letzten Mal schließen und am Morgen darauf wird nur der Flughafen BER eröffnen. Die Startkapazität liegt bei 27 Mio. Passagieren und kann sukzessive und bedarfsorientiert auf 45 Mio. erweitert werden.

Das Hauptpier des U-förmigen Terminals ist 715 Meter lang, die beiden Piers im Norden und Süden jeweils 350 Meter. Das Gelände ist als Midfield Airport konstruiert, das heißt, das Terminalgebäude, die Gate-Positionen und Parkplätze befinden sich zwischen den parallel angelegten Start- und Landebahnen. Der Bodenlärm der das Flughafengelände verlässt wird durch diese Bauweise minimiert. Weitere gestalterische Highlights werden die auf die Bundesländer Berlin und Brandenburg abgestimmten Rot-Farbtöne und die flughafeneigene Schrift sein. Diese Schriftart wird

[90] Broschüre „Shops, Restaurants & Services“ Berlin Brandenburg Airport Willy Brandt; S. 8. Stand: Oktober 2011.

einheitlich beim Leit- und Orientierungssystem und allen Werbemitteln eingesetzt werden.

Auf 20.000m² werden zum Großteil auf der Airside (75%) Retailflächen geschaffen. Neben internationalen Marken werden bevorzugt regionale Einzelhändler und Gastronomen ihr Angebot präsentieren dürfen. Durch diese Vergabe-Methodik kann die Unverwechselbarkeit erreicht werden, die besonders von ausländischen Gästen geschätzt wird und für steigende Umsätze im Non-Aviation-Bereich sorgt. Ebenso wird das Walk-Through-Konzept direkt nach den Sicherheitskontrollen Anwendung finden und für eine Optimierung der Umsätze im Duty-Free-Bereich sorgen.

Negativ auf die Umsatzentwicklung könnten sich das Fehlen der Branche Health & Beauty und der vermutlich hohe Anteil an Low-Cost Passagieren auswirken. Da der Berlin-Brandenburg Airport die Passagiere von Schönefeld mit einem Anteil an Low-Cost Passagieren in Höhe von 85,7% und vom Flughafen Tegel von 46,9% über-nimmt, wird der Anteil bei schätzungsweisen 58% liegen.

Das Herzstück des neuen Flughafens wird über das Flughafengebäude hinaus die sogenannte Airport City sein. Direkt vor dem Terminal entsteht ein urbanes Dienst-leistungszentrum mit Büronutzung, Hotel und Gastronomie, einem Tagungs- und Kongresszentrum und weiteren Dienstleistungen. Im weiteren Umfeld des Airports werden insgesamt zehn Quartiere mit spezifischen Nutzungsprofilen entstehen. Die Palette reicht von Flächen für Repräsentanzen, Büros oder hochwertige Dienstleis-tungen (Airport City, Midfield Expo Gardens), über solche für Frachtabfertigung und Logistik (Service Area North) bis hin zu Bereichen für Wartungseinrichtungen und technische bzw. flughafenaffine Dienstleistungen (Maintenance Area & Westgate) wie sie im Situationsplan abgebildet sind:

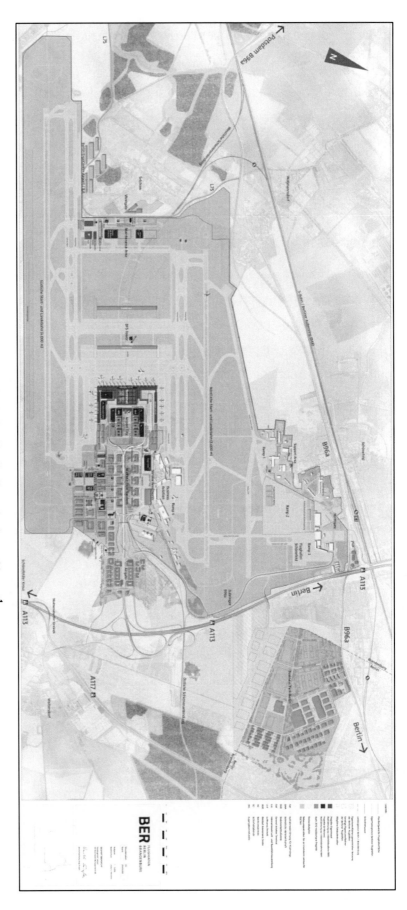

Abbildung 1: Situationsplan Berlin-Brandenburg Airport[1]

Der Flughafen erschließt auf diese Weise weitere Einnahmequellen im Non-Aviation-Bereich und diversifiziert sein Portfolio.

---

[1] Berliner Flughäfen Pressestelle 2011, S.9f.

7 Blick in die Zukunft

Die Analyse der Einflussfaktoren auf die deutschen internationalen Verkehrsflughäfen hat gezeigt, dass die Betreibergesellschaften besonders durch den Rückzug des Staates, Steuern und den steigenden Wettbewerb gezwungen sind, ihre Einnahmen im Non-Aviation Bereich zu steigern. Dies sind die Einnahmen, die nichts mit dem eigentlichen Betrieb eines Airports, also den Wegsicherungs- und Abfertigungsfunktionen zu tun haben. Derzeit wird dazu das ertragreiche Vermietungsgeschäft auf der Airside, also dem Bereich nach den Sicherheitskontrollen, forciert. Durch einen auf das Kaufverhalten der Fluggäste abgestimmten Branchen- und Mietermix und eine optimierte architektonische Gestaltung des Terminals werden die Erlöse in diesem Bereich des Flughafens beständig gesteigert. Da das auf diese Weise zu erreichende Umsatzpotential stark mit den Passagierzahlen schwankt, werden derzeit Möglichkeiten eruiert diese Unsicherheiten auszugleichen. Vereinzelte Flughäfen setzen dafür inzwischen den Fokus auf landseitige Kundengruppen wie Besucher oder Umlandbewohner und locken diese mit Events, Geschäften des täglichen Bedarfs in Kombination mit verlängerten Öffnungszeiten und kostenfreiem Parken. Eine Weiterentwicklung dieser Strategie sind die sogenannten Airport Citys. Dabei werden flughafennahe Flächen für verschiedenste Nutzungen, in Abhängigkeit von deren Entfernung zum Terminal, erschlossen. Am gerade im Bau befindlichen Berlin Brandenburg Airport werden verschiedene Quartiere mit jeweils einem spezifizierten Nutzungsmix angeboten. Die Spanne reicht hier von Büro- und Dienstleistungsflächen nahe am Terminal, über etwas weiter entfernte Bereiche für die Frachtabfertigung oder Logistik, bis hin zu entfernten Bereichen für die Leichtindustrie.

In Zukunft werden die Betreibergesellschaften ihre Erlöse in allen drei Bereichen – Terminal Airside, Terminal Landside und im Umfeld des Terminals – optimieren müssen, um für die künftigen wirtschaftlichen Unwägbarkeiten gewappnet zu sein. Wie wichtig die Diversifizierung der Einnahmen bis hin zum Flughafenumfeld für die Betreibergesellschaft ist, zeigt sich unter anderem daran, dass 10 der 16 Betreibergesellschaften deutscher internationaler Verkehrsflughäfen auf der größten deutschen Gewerbeimmobilienmesse Expo Real im Jahr 2011 teilgenommen haben. Die meisten der präsenten Flughafenbetreiber haben hier für ihre eigene Airport City geworben[92] und versucht die entsprechenden Flächen auf der Expo Real optimal zu vermarkten.

Welcher Branchenmix für eine Erlös-Optimierung nötig ist, konnte nicht abschließend geklärt werden, denn weitere Einflussfaktoren wie der Lokalkolorit oder architektonische Gegebenheiten scheinen die Erlöse ebenfalls signifikant zu beeinträchtigen. Dieser Grad der Beeinflussung lässt sich jedoch nicht messen. Das Zusammenspiel der genannten Faktoren entscheidet über den Erfolg oder Misserfolg eines Flughafens im Bereich des Airport Retailing. Auch ist es problematisch neue Erkenntnisse der Handelsforschung umzusetzen, da die Architektur des Airports dies oft nicht zulässt und entsprechende Umbaumaßnahmen nicht durchsetzbar oder zu kostenintensiv sind. Die Optimierung des Einzelhandels an Flughäfen erfordert ein ständiges Beobachten der sich ändernden Marktgegebenheiten und Kundengruppen, denn auch das Konsumentenverhalten variiert im Zeitablauf. Es gilt der bekannte Slogan „Handel ist Wandel" und nach dieser Maxime sollte agiert werden.

Eine Zusammenführung aller von den internationalen Verkehrsflughäfen gesammelten Daten hinsichtlich des Konsumentenverhaltens und ihre Auswertung, insbesondere hinsichtlich Veränderungen nach vereinzelten Maßnahmen, würde die Forschung auf diesem Gebiet voran bringen. Mit der derzeitigen Datenlage ist eine eindeutige Handlungsempfehlung nicht möglich. Bisher können nur Hinweise auf Optimierungspotential erteilt werden. Eine engere Zusammenarbeit der Flughafenbetreiber mit Wissenschaft und Forschung wäre zielführend und für die Entwicklung von Zukunftsstrategien von enormen Wert und Vorteil.

---

[92] Dies waren die Betreiber der Berliner Flughäfen, Bremen, Düsseldorf, Leipzig/Halle, Stuttgart, München und Dresden.

Anhang

- Die Freiheiten der Luft,
- ADV-Monatsstatistik: Kumulierte Betrachtung Januar bis Dezember (2011 vs. 2010),
- Allianzsysteme,
- Low Cost Carrier Markt in Deutschland,
- London Heathrow, Terminal 3.

Anhang I

Die Freiheiten der Luft[93]

1. Freiheit: Die Fluggesellschaft eines Landes erhält das Recht, das Hoheitsgebiet eines fremden Staates ohne Landung zu überfliegen.

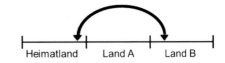

2. Freiheit: Die Fluggesellschaft eines Landes erhält das Recht zur nichtgewerblichen Zwischenlandung (Tanken, Wechsel des Flugpersonals) in einem fremden Staat; Fluggäste, Fracht und Post dürfen dabei weder abgesetzt noch aufgenommen werden.

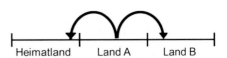

3. Freiheit: Eine Fluggesellschaft erhält das Recht, Fluggäste, Fracht und Post aus dem Heimatstaat in einen fremden Staat zu transportieren.

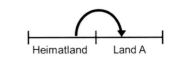

4. Freiheit: Eine Fluggesellschaft erhält das Recht, Fluggäste, Fracht und Post im Vertragsstaat aufzunehmen und in den Heimatstaat zu befördern.

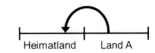

5. Freiheit: Eine Fluggesellschaft erhält das Recht, Fluggäste, Fracht und Post von und nach einem Drittstaat zu befördern, wobei der Flug entweder im Heimatstaat beginnen oder enden muss.

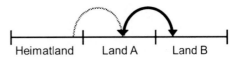

6. Freiheit: Eine Fluggesellschaft erhält das Recht, Fluggäste, Fracht und Post in einem Vertragsstaat aufzunehmen und nach einer Zwischenlandung im Heimatstaat in einen Drittsaat weiterzubefördern und umgekehrt.

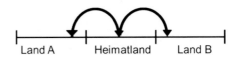

7. Freiheit: Eine Fluggesellschaft erhält das Recht, Fluggäste, Fracht und Post zwischen zwei fremden Staaten zu transportieren, ohne dass auf diesem Flug der Heimatstaat berührt wird.

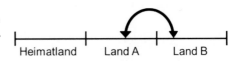

8. Freiheit: Eine Fluggesellschaft erhält das Recht, Fluggäste, Fracht und Post zwischen zwei Orten innerhalb eines fremden Staates zu befördern (Kabotagerecht).

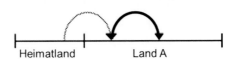

---

[93] Quelle: Lehmann-Tolkmitt 2004, S.60.

Anhang II

ADV-Monatsstatistik: Kumulierte Betrachtung Januar bis Dezember (2011 vs. 2010)[94]

2011 — Passengers

	Terminal Passengers Total (arr.+dep.)	Schedule & Charter Traffic Germany	Europe	EU	Schengen	Non-Europe	Other commercial traffic	Direct Transit	Total Traffic
TXL	16.898.749	7.113.406	8.891.903	7.732.260	6.977.912	891.274	2.166	21.071	16.919.820
SXF	7.099.648	899.847	5.915.367	5.048.170	3.678.903	280.082	4.352	14.341	7.113.989
BRE	2.552.157	815.365	1.711.036	1.462.148	1.204.428	21.600	4.156	7.866	2.560.023
DTM	1.814.246	176.501	1.615.699	1.328.240	883.430	7.446	14.600	7.820	1.822.066
DRS	1.903.323	1.194.073	676.036	384.927	374.227	30.213	3.001	14.592	1.917.915
DUS	20.314.738	4.591.326	13.416.426	9.583.170	8.905.663	2.292.852	14.134	24.728	20.339.466
ERF	270.464	40.285	99.593	90.056	74.952	129.528	1.058	10.454	280.918
FRA	56.293.108	6.778.857	27.569.090	21.599.432	18.847.356	21.937.128	8.233	143.147	56.436.255
FDH	568.102	276.507	254.692	181.884	166.231	3.365	33.538	3.607	571.709
HHN	2.833.632	4.766	2.715.415	2.451.618	2.026.728	111.078	2.373	60.477	2.894.109
HAM	13.535.037	5.643.666	7.350.083	5.310.495	5.270.487	524.472	16.816	23.224	13.558.261
HAJ	5.305.435	1.205.794	3.863.048	2.611.001	2.152.482	232.780	3.813	34.829	5.340.264
FKB	1.108.219	285.096	797.058	698.238	586.833	16.298	9.777	6.316	1.114.535
CGN	9.601.946	3.546.020	5.724.274	4.137.141	3.566.937	323.398	8.254	21.452	9.623.398
LEJ	1.834.904	691.434	1.021.982	697.022	615.104	119.028	2.460	428.764	2.263.668
MUC	37.634.214	9.775.471	21.468.054	16.690.989	14.539.087	6.360.882	29.807	129.487	37.763.701
FMO	1.311.617	508.855	792.456	607.363	554.337	4.090	6.216	12.072	1.323.689
NUE	3.939.839	1.498.107	2.221.256	1.783.903	1.613.237	217.903	2.573	22.778	3.962.617
PAD	963.440	163.802	755.960	582.078	494.140	34.873	8.805	11.335	974.775
SCN	412.613	248.353	162.309	95.351	95.036	76	1.875	39.701	452.314
STR	9.541.935	2.952.008	6.193.909	4.365.450	3.891.492	372.125	23.893	40.330	9.582.265
NRN	2.418.411	3.030	2.290.677	2.258.713	1.962.529	122.468	2.236	2.697	2.421.108
	198.155.777	48.412.569	115.506.123	89.699.649	78.481.531	34.032.949	204.136	1.081.088	199.236.865

2010 — Passengers

	Terminal Passengers Total (arr.+dep.)	Schedule & Charter Traffic Germany	Europe	EU	Schengen	Non-Europe	Other commercial traffic	Direct Transit	Total Traffic	Total Traffic (2011 vs. 2010)
TXL	14.991.115	6.731.023	7.492.090	6.601.322	5.941.522	765.351	2.651	34.485	15.025.600	1.894.220
SXF	7.269.992	1.437.603	5.503.067	4.627.846	3.237.938	326.210	3.112	27.919	7.297.911	-183.922
BRE	2.663.929	891.911	1.753.524	1.490.821	1.207.100	14.839	3.655	12.368	2.676.297	-116.274
DTM	1.740.642	189.240	1.538.279	1.235.963	839.107	1.669	11.454	7.089	1.747.731	74.335
DRS	1.803.511	1.165.587	589.453	378.221	340.049	43.961	4.510	39.602	1.843.113	74.802
DUS	18.943.720	4.396.154	12.154.000	8.740.577	8.065.971	2.381.078	12.488	44.429	18.988.149	1.351.317
ERF	309.774	42.779	238.590	105.036	105.036	27.227	1.178	12.299	322.073	-41.155
FRA	52.710.228	6.257.379	24.595.256	19.322.637	16.839.121	21.848.369	9.224	298.993	53.009.221	3.427.034
FDH	581.390	262.014	191.319	191.319	163.569	99.591	28.466	9.250	590.640	-18.931
HHN	3.463.571	254.681	3.096.063	2.994.414	2.467.515	111.048	1.779	29.880	3.493.451	-599.342
HAM	12.918.279	5.587.507	6.768.223	4.974.982	4.949.982	558.598	3.951	44.150	12.962.429	595.832
HAJ	5.016.888	1.170.903	3.551.494	2.415.668	1.981.676	289.791	4.700	42.912	5.059.800	280.464
FKB	1.168.399	296.951	838.723	732.039	570.225	21.826	10.899	8.802	1.177.201	-62.666
CGN	9.806.270	3.522.926	5.929.107	4.400.241	3.908.436	344.779	9.458	43.509	9.849.779	-226.381
LEJ	1.847.193	683.193	985.974	680.811	600.811	175.717	2.309	501.404	2.348.597	-84.929
MUC	34.598.634	9.341.713	19.089.730	15.003.844	13.092.205	6.136.541	30.650	122.971	34.721.605	3.042.096
FMO	1.312.656	488.422	791.714	600.426	521.347	26.913	5.607	19.800	1.332.456	-8.767
NUE	4.034.071	1.526.511	2.155.800	1.739.733	1.566.307	349.672	2.088	34.728	4.068.799	-106.182
PAD	1.007.978	158.558	790.622	613.053	508.020	43.547	15.251	20.323	1.028.301	-53.526
SCN	420.101	193.747	205.723	132.087	129.538	18.526	2.105	71.198	491.299	-38.985
STR	9.162.175	2.902.473	5.801.485	4.166.304	3.763.006	439.644	18.573	55.920	9.218.095	364.170
NRN	2.889.651	165.404	2.580.660	2.481.101	2.133.512	140.994	2.593	7.079	2.896.730	-475.622
	188.660.167	47.666.679	106.640.896	83.627.832	72.931.268	34.165.891	186.701	1.489.110	190.149.277	9.087.588

[94] Quelle: Eigene Darstellung in Anlehnung an die Monatsberichte Dez. 2010 und 2011;
www.adv.aero/verkehrszahlen/archiv/statistiken2010/ und www.adv.aero/verkehrszahlen/archiv/statistiken2011/.

Anhang III

Allianzsysteme [95]

Star Alliance

Gesellschaften

1 Adria Airways
2 Aegean Airlines
3 Air Canada
4 Air China
5 Air New Zealand
6 ANA
7 Asiana Airlines
8 Austrian
9 Blue1
10 bmi
11 Brussels Airlines
12 Croatia Airlines
13 Egyptair
14 Ethiopian Airlines
15 LOT Polish Airlines
16 Lufthansa
17 Scandinavian Airlines
18 Singapore Airlines
19 South African Airlines
20 Spanair
21 Swiss
22 TAM Airlines
23 TAP Portugal
24 THAI
25 Turkish Airlines
26 United
27 US Airways

Oneworld

Gesellschaften

1 American Airlines
2 British Airways
3 Cathay Pacific
4 Finnair
5 Iberia
6 Japan Airlines
7 LAN
8 Malév
9 Mexicana
10 Qantas
11 Royal Jordania
12 S7 Airlines

Designierte Mitglieder

1 airberlin
2 Kingfisher Airlines
3 Malaysia Airlines

Angeschlossene Airlines

American Connection, American Eagle
BA Cityflyer, Comair of Southern Africa, Sun-Air of Scandinavia
Dragonair

Air Nostrum
JAL Express, J-Air, Japan Transocean Air
LAN Argentina, LAN Ecuador, LAN Peru, LAN Express

Qantas Link, Jetconnection

Globus

Skyteam

Gesellschaften

1 Aeroflot
2 Aeromexico
3 Air Europa
4 Air France
5 Alitalia
6 China Airlines
7 China Eastern
8 China Southern
9 Czech Airlines
10 Delta Air Lines
11 Kenya Airways
12 KLM
13 Korean Air
14 TAROM
15 Vietnam Airlines

Designierte Mitglieder

1 Garuda Indonesia
2 Aerolíneas Argentinas
3 Saudi Arabian Airlines
4 Middle East Airlines

[95] Quelle: Eigene Darstellung anhand der Hompages: www.staralliance.com; www.oneworld.com; www.skyteam.com.

Anhang IV

Low Cost Carrier Markt in Deutschland (Juli 2011)[96]

Flughafen	Starts	Sitze	Strecken
Air Berlin	2.361	348.868	201
Germanwings	957	138.393	149
Ryanair	598	113.022	161
Easyjet	383	59.954	53
Intersky	101	5.454	18
flybe	93	6.789	13
Wizz	72	12.528	19
Aer Lingus	62	10.788	7
Air Baltic	59	5.195	5
Norwegian	37	6.624	8
fly Niki	35	4.688	2
Wizz (Ukraine)	15	2.610	4
Corendon	12	2.029	8
Iceland Express	7	1.036	3
Blue Air	6	884	2
Air Arabic Maroc	6	1.044	2
Jet2	6	888	1
Transavia	4	616	1
Windjet	2	292	1

---

[96] Quelle: in Anlehnung an Berster 2011, S.9.

Anhang V

London Heathrow, Terminal 3[97]

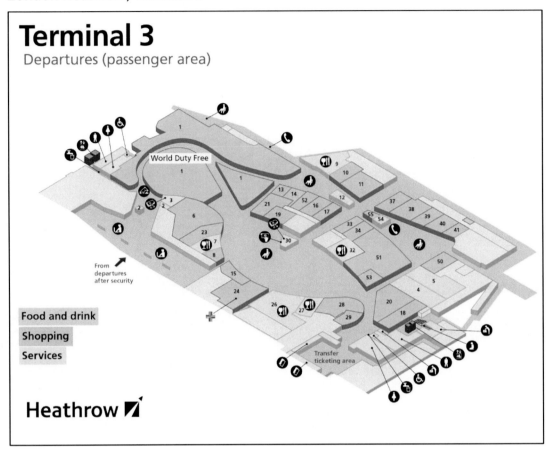

[97] http://www.heathrowairport.com/static/Heathrow/Downloads/PDF/Maps/Heathrow_T3_Map.pdf, Abruf vom 11.04.2012.

Literaturverzeichnis

3. Seminar über die Zukunft der Flughäfen: Auf der Suche nach neuen Konzeptionen.

BAA: Online verfügbar unter www.baa.com, zuletzt geprüft am 10.04.2012.

Heathrow Airport - Terminal Map. Online verfügbar unter http://www.heathrowairport.com/static/Heathrow/Downloads/PDF/Maps/ Heathrow_T3_Map.pdf, zuletzt geprüft am 11.04.2012.

Kapitalumschlag. Online verfügbar unter http://www.wirtschaftslexikon24.net/d/ kapitalumschlag/kapitalumschlag.htm, zuletzt geprüft am 07.04.2012.

Journal of Business (2002).

Open-Skies-Abkommen zwischen Europa und den Vereinigten Staaten (2007). Online verfügbar unter http://europa.eu/legislation_summaries/external_relations/relations_with_third_countr ies/industrialised_countries/l24483_de.htm, zuletzt aktualisiert am 22.08.2007, zuletzt geprüft am 14.03.2012.

The World's Top Airports. ranking 1 to 20 (2012). Online verfügbar unter http://www.worldairportawards.com/Awards_2012/top20airports.htm, zuletzt geprüft am 01.05.2012.

A.T. Kearney (09.11.2006): Take off: Flughafen-Umsätze heben ab. Weber, Birgit, birgit.weber@trimedia.at. Online verfügbar unter http://www.atkearney.at/content/misc/wrapper.php/id/49802/name/pdf_pa_airport_ii_ 061109_final_11636708865365.pdf.

ADV (2010): ADV-Monatsstatistik 12/2010. Unter Mitarbeit von Thomas Fabian und Magdalena Jurczyk. Arbeitsgemeinschaft Deutscher Verkehrsflughäfen (ADV). Berlin. Online verfügbar unter http://www.adv.aero/fileadmin/pdf/statistiken/2010/ADV_Monatsstatistik_Dez_2010_fi nal.pdf.

Airbus (Hg.) (2011): Delivering the Future. Global Market Forecast.

Akwa (2011): Strecke für den Hochgeschwindigkeitsverkehr. Online verfügbar unter http://de.wikipedia.org/wiki/Schnellfahrstrecke, zuletzt aktualisiert am 30.12.2011, zuletzt geprüft am 10.03.2012.

Beckers, T./ Fritz, J.-S/ Hirschhausen, C.v./ Müller, S. (2003): Privatisierung und Re-Regulierung der deutschen Flughäfen unter Berücksichtigung internationaler Erfahrungen. TU Berlin, Berlin. Fachgebiet Wirtschafts- und Infrastrukturpolitik. Online verfügbar unter http://wip.tu-berlin.de/typo3/fileadmin/documents/wip-de/lehre/lv_pjs/pjs2002-flughaefen/vwt_dd-tub_wip-flughaefen_regulierung_privatisierung-v214_sm%2Btb_17.09.2003.pdf.

Beckmann, Ralf/ Neufeld, Edgar/ Schuder, Andreas (2010): Gutachten zur regional-verträglichen Umfeldentwicklung des Flughafens Frankfurt-Hahn mit dem Schwerpunkt Einzelhandel. Teil B: Entwicklungsoptionen. Stadt + Handel. Dortmund.

Berliner Flughäfen (2011): Geschäftsbericht 2010. Hg. v. Flughafen Berlin-Schönefeld GmbH. Berlin. Online verfügbar unter http://mag3.i-magazine.de/imag/Geschaeftsbericht_2010_1/, zuletzt geprüft am 04.12.2011.

Berliner Flughäfen Pressestelle (2011): Flughafen Berlin Brandenburg Willy Brandt. Investitionsstandort der Zukunft.

Berster, Peter (2011): Low Cost Monitor 2/2011. Hg. v. Deutsches Zentrum für Luft- und Raumfahrt (DLR). Köln.

Blotevogel, Hans (2003/2004): Kapitel 3 - Einzelhandel. Vorlesung Handels- und Dienstleistungsgeographie. Vorlesung. Universität Duisburg-Essen, Duisburg. Geographie. Online verfügbar unter http://www.uni-due.de/geographie/vvz_duisburg/WS2003_2004/Blotevogel/Handel-Dienstleistungsgeographie/03Einzelhandel.pdf.

BMVBS (Hg.) (2012): Flughafenkonzept der Bundesregierung 2009. Unter Mitarbeit von ECAD Hobe Dr.-Ing habil. Mensen Dr.-Ing Fricke Klophaus ADV ILfD BUND für Umwelt und Naturschutz Deutschland VCD Ver.di DLR. Online verfügbar unter http://www.waldblick-gegen-flugrouten.de/wp-content/uploads/2010/12/flughafenkonzept-2009-der-bundesregierung.pdf.

Bochum, Ulrich/ Meißner, Heinz-Rudolf (2006): Der neue Flughafen - Kommerzialisierung der Infrastruktur. Online verfügbar unter http://www.g-ibs.de/mediapool/61/612547/data/Flughafen.pdf.

Boing (2011): Current Market Outlook 2011 to 2030. Hg. v. Boeing Commercial Airplanes. Market Analysis. Seattle. Online verfügbar unter http://www.boeing.com/commercial/cmo/pdf/Boeing_Current_Market_Outlook_2011_to_2030.pdf, zuletzt geprüft am 07.04.2012.

Boston Consulting Group (Hg.) (2004): Airports - Dawn of a New Era. Preparing for one of the industry's biggest shake-ups. Online verfügbar unter http://www.bcg.com/documents/file14335.pdf, zuletzt geprüft am 11.03.2012.

Bowes, Brad (2002): The Effects of Emotion and Time to Shop on Shopping. Behaviour in an International Airport Terminal. In: Journal of Business, S. 207–214.

Brust, Alexander (2005): Der Flughafen als multifunktionales Zentrum des Verkehrs, des Handels und der Freizeit. Dissertation. TU Carolo-Wilhelmina zu Braunschweig, Braunschweig. Psychologie, Abteilung für angewandte Psychologie.

Bundesvereinigung gegen Fluglärm e.V. (BVF) (Hg.) (2012): Fluglärm-Information. Online verfügbar unter http://www.fluglaerm.de/bvf/info/, zuletzt aktualisiert am 19.02.2012.

Cerovic, Miroslav (1998): Global Airport Retailing. Hg. v. Datamonitor PLC. Great Britain.

Cuadra, Manuel/ Andreu, Paul (2002): World airports. Vision and reality, culture and technique, past and present/ buildings and projects by Paul Andreu, Hans-Busso von Busse & Partner, Foster and Partners, von Gerkan, Marg und Partner, Kisho Kurokawa, Rafael Moneo, Murphy/Jahn, Cesar Pelli = Weltflughäfen. Hamburg: Junius.

Der Flughafenverband ADV (Hg.) (2011): Auswirkungen der Luftverkehrssteuer an deutschen Flughäfen. Online verfügbar unter http://www.adv.aero/arbeitsgebietethemen/verkehrkapazitaeten/verkehrsdaten01000/ , zuletzt geprüft am 11.03.2012.

Destatis (Hg.) (2010): Entwicklung des Luftverkehrs. Einsteiger mit Streckenziel innerhalb und außerhalb Deutschlands. Statistisches Bundesamt.

Deutsche Bank Research (2004): Aktuelle Themen. Überfällige Konsolidierung im Luftverkehr ante portas? Frankfurt am Main (Nr. 291).

DFS (Hg.) (2011): Luftverkehr in Deutschland. Mobilitätsbericht 2010. Deutsche Flugsicherung. Langen.

Doganis, Rigas (1992): The airport business. London /, New York: Routledge.

Dolby, Nigel (2009): Maximising Commercial Revenue Dwell Time. ACI. Macau, 02.03.2009. Online verfügbar unter http://www.airports.org/aci/aci/file/2009%20Events/Trinity%20Forum/presentations/Session%203,%20Nigel_Dolby.pdf.

Droß, Michael/ Thierstein, Alain (2007): Entwicklung der Flughafeninfrastruktur aus Perspektive der Hubflughäfen. Herausforderung aus raumwirtschaftlicher Sicht. Diskussionspapier. TU, München. Institut für Entwerfen, Stadt und Landschaft.

Eberle, Matthias (2005): Flughäfen: Nur shoppen ist schöner. In: Handelsblatt, 17.05.2005. Online verfügbar unter http://www.handelsblatt.com/unternehmen/handel-dienstleister/immer-mehr-flughaefen-setzen-auf-handel-und-gastronomie-flughaefen-nur-shoppen-ist-schoener/2504402.html.

Engel & Völkers (Hg.) (2008): Flughäfen - die neuen Städte von morgen? Berlin.

Flughafen Hamburg GmbH (Hg.) (2011): Geschäftsbericht 2010. Hamburg.

Flughafen Köln/Bonn GmbH (Hg.) (2010): Geschäftsbericht 2010. Köln.

Flughafen München GmbH (Hg.) (2010): Perspektiven. Nachhaltigkeits- und Geschäftsbericht 2010. München.

Franck, Jochen (2000): Erlebnis- und Konsumwelten. Entertainment Center und kombinierte Freizeit-Einkaufs-Center. In: Albrecht Steinecke und Anja Brittner (Hg.): Erlebnis- und Konsumwelten. München: Oldenbourg, S. 28–43.

Fraport AG (2011): Visual Fact Book Full Year 2010. Unter Mitarbeit von Stefan Rüter, Svenja Poeschmann Marc Knust, Florian Fuchs und Tanja Nagel. Frankfurt am Main. Online verfügbar unter http://www.fraport.de/content/fraport-ag/de/misc/binaer/investor_relations/visual_fact_book/visual_fact_book2010/jcr:conte nt.file/Visual%20Fact%20Book%202010.pdf, zuletzt geprüft am 07.04.2012.

Fraport AG (2012): Visual Fact Book Full Year 2011. Unter Mitarbeit von Stefan Rüter, Svenja Poeschmann Marc Knust, Florian Fuchs und Tanja Nagel. Frankfurt am Main. Online verfügbar unter http://www.fraport.de/content/fraport-ag/de/misc/binaer/investor_relations/visual_fact_book/visual-fact-book-2011/jcr:content.file/VFB_2011_V7.pdf, zuletzt geprüft am 14.04.2012.

Freathy, P./ O'Connell, F. (1998): The role of the buying function in airport retailing. In: International Journal of Retail & Distribution Management 26 (6), S. 247–256.

Gaebel, Martin (Hg.) (2005): Zwölftes Kolloquium Luftverkehr an der Technischen Universität Darmstadt. WS 2004/2005/ August Euler-Luftfahrtpreis Verleihung/ Regionalluftverkehr - Bindeglied zwischen den Regionen Europas. Darmstadt: Arbeitskreis Luftverkehr der Technischen Univ.

Gebauer, Peter (2005): Regionaler Luftverkehr und Regionalflughäfen aus Sicht der Flugsicherung. In: Martin Gaebel (Hg.): Zwölftes Kolloquium Luftverkehr an der Technischen Universität Darmstadt. WS 2004/2005/ August Euler-Luftfahrtpreis Verleihung/ Regionalluftverkehr - Bindeglied zwischen den Regionen Europas, Bd. 12. Darmstadt: Arbeitskreis Luftverkehr der Technischen Univ., S. 95–108. Online verfügbar unter http://www.akl.tu-darmstadt.de/media/arbeitskreis_luftverkehr/down-loads_6/kolloquien/12kolloquium/gebauerflugsicherungauseinerhandregionalerluftver kehrundregionalflughfenaussichtderflugsicherung.pdf, zuletzt geprüft am 19.02.2012.

Ginten, Ernst August (2012): Luftverkehrssteuer vertreibt Passagiere. Fluglinien klagen: Fünft Millionen weniger Kunden. In: Welt Online, 02.03.2012. Online verfüg-bar unter http://www.welt.de/print/welt_kompakt/print_wirtschaft/article13898744/Luftverkehrssteuer-vertreibt-die-Passagiere.html, zuletzt geprüft am 10.03.2012.

Graham, Anne (2003): Managing airports. An international perspective. 2. Aufl. Amsterdam/London: Elsevier.

Humphries, Gavin (1996): The Future of Airport Retailing. Opportunities and threats in a global market. Hg. v. Pearson Profession Ltd. London.

IATA (Hg.) (2008): The Impact of Recession on Air Traffic Volumes (IATA Economic Briefing). Online verfügbar unter http://www.iata.org/ what-wedo/Documents/economics/IATA_Economics_Briefing_Impact_of_Recession_Dec0 8.pdf, zuletzt geprüft am 31.03.2012.

IHK Koblenz (Hg.) (2010): Gutachten zur regionalverträglichen Umfeldentwicklung des Flughafens Frankfurt-Hahn mit dem Schwerpunkt Einzelhandel. Dokument.Nr. 8810. Online verfügbar unter http://www.ihk-koblenz.de/standortpolitik/Planung/faerber_Gutachten-Hahn//jsessionid=E41223FF04DA11FEDB7DC1CB6333BE38.repl23, zuletzt geprüft am 11.03.2012.

Immobilien Zeitung (2012): Großprojekte: Bürger sollen eher mitreden dürfen. Ausgabe 18, 08.03.2012 (10), S. 13.

Intraplan Consult GmbH (2007): Verkehrliche Wirkung der Verknüpfung Schienenverkehr/Luftverkehr (Intermodalität) in Deutschland. Im Auftrag für die "Initiative Luftverkehr für Deutschland" (ILfD).

IVG Immobilien AG/ Bulwien Gesa AG (Hg.) (2011): Airport City Facts IV. Mobilitätsrückgrat Airport City - Transport als Kernkompetenz. Online verfügbar unter http://www.ivg.de/fileadmin/internet/daten/pdf/2011/ivg_facts_airportcity_4_102011.pdf, zuletzt geprüft am 10.03.2012.

IVG Immobilien AG/ Bulwien Gesa AG (Hg.) (2012): Airport City Facts VII. Airport Retailing. Frankfurt am Main. Online verfügbar unter http://www.ivg.de/unternehmen/ivg-research/airport-city-facts/, zuletzt geprüft am 11.04.2012.

Jarach, David (2005): Airport marketing. Strategies to cope with the new millennium environment. Aldershot, Hampshire, England , Burlington, VT: Ashgate.

Koenen, Jens (2009): Einkaufen im Vorbeifliegen. In: Handelsblatt, 27.05.2009. Online verfügbar unter http://www.handelsblatt.com/unternehmen/handel-dienstleister/flueghaefen-einkaufen-im-vorbeifliegen/3185722.html, zuletzt geprüft am 10.04.2012.

Landes, Markus (2009): Einzelhandel an Verkehrsflughäfen. Eine empirische Untersuchung als Grundlage eines Einzelhandelsnutzungskonzepts für den Satelliten des Terminal 2 am Flughafen München. Diplomarbeit. Universität Regensburg, Regensburg. PhilFak I.

Lehmann-Tolkmitt, Bardo (2004): Wesentliche Einflüsse auf die wirtschaftliche Entwicklung der Verkehrsflughäfen in Deutschland und Europa seit den 80er Jahren und deren Auswirkungen - Beispiel Fraport AG. Weiden /, Regenburg: Eurotrans-Verl.

Lencer (2010). Online verfügbar unter http://de.wikipedia.org/w/index.php?title=Datei:Flugh%C3%A4fen_in_Deutschland.png& filetimestamp=20100207184730, Abruf vom 25.2.2012, zuletzt aktualisiert am 07.02.2010, zuletzt geprüft am 25.02.2012.

Minhorst, Norbert (2010): Hauptstadt-Airport BBI. Mehr als nur eine Start- und Landebahn. Bereichsleitung Non-Aviation Management.

Müller, Jürgen (2010): Das Modegeschäft am Flughafen läuft nach eigenen Gesetzen. Und wie es läuft! Hg. v. profashionals. Online verfügbar unter http://profashionals.posterous.com/das-modegeschaft-am-flughafen-lauft-nach-eige, zuletzt geprüft am 10.04.2012.

Oechsle, Michael (2005, c 2005): Erweiterung von Geschäftsfeldern im Non-Aviation-Bereich an europäischen Flughäfen unter besonderer Berücksichtigung des Standorts München. München: VVF, Utz.

Pompl, Wilhelm (2007): Luftverkehr. Eine ökonomische und politische Einführung. Fünfte, überarbeitete Auflage. Berlin, Heidelberg: Springer-Verlag Berlin Heidelberg.

Preilowski, Nina M. (2009): Shopping-Paradies Flughafen. Entwicklungen und Trends im Non-Aviation-Bereich deutscher Flughäfen. Hamburg: Diplomica-Verl.

Ryll, Christine (2012): Grundstein für Terminalsatelliten am Flughafen München. In: Immobilien Zeitung, 25.04.2012. Online verfügbar unter http://www.immobilien-zeitung.de/1000008586/grundstein-fuer-terminalsatelliten-am-flughafen-muenchen, zuletzt geprüft am 29.04.2012.

Santin, Alexander (2000): Die Bedeutung von Interkontinentalverbindungen für den Einzugsbereich des Flughafens München. Eine empirische Untersuchung am Beispiel des Nonstop-Dienstes von München nach Kuala Lumpur mit Malaysia Airlines. Inaugural-Dissertation. Westfälischen Wilhelms-Universität, Münster. Philosophische Fakultät.

Schierenbeck, Henner/ Lister, Michael (2002): Value Controlling. Grundlagen wertorientierter Unternehmensführung. 2. Aufl. München /, Wien: Oldenbourg.

Schnöller, Martin (2008): Katharina J. Srnka and the research projekt "Retail 60-plus". In: Shop aktuell (103), S. 50–53.

Schulz, Axel/ Baumann, Susanne/ Wiedenmann, Simone (2010): Flughafen-Management. München: Oldenbourg.

Seel, Ulrich (2010): Der konzeptionelle Entwicklungswandel von Flughafenterminalgebäuden in der Gegenüberstellung zur Entstehungsgeschichte des Flughafen München. Dissertation. Universität der Bundeswehr, München. Bauingenieur- und Vermessungswesen.

Stauch, B. (1972): Langfristige Entwicklungstendenzen im Einzelhandel. Dissertation. Hochschule St. Gallen, St. Gallen. Wirtschafts- und Sozialwissenschaften.

Steinecke, Albrecht/ Brittner, Anja (Hg.) (2000): Erlebnis- und Konsumwelten. München: Oldenbourg.

Sterzenbach, Rüdiger/ Conrady, Roland/ Fichert, Frank (2009): Luftverkehr. Betriebswirtschaftliches Lehr- und Handbuch. 4. Aufl. München: Oldenbourg.

Stiebritz, Cecilia (2011): Rewe am Flughafen: Convenience zum Abheben. In: Der Handel, 19.04.2011. Online verfügbar unter http://www.derhandel.de/news/unternehmen/pages/Lebensmittelhandel-Rewe-am-Flughafen-Convenience-zum-abheben-7448.html, zuletzt geprüft am 13.04.2012.

Stumpf, Michael (2010): Die Ökobilanz der Luftfracht. 17. Kolloquium Luftverkehr. European Center for Aviation Development - ECAD GmbH. Darmstadt, 20.01.2010. Online verfügbar unter http://www.akl.tu-darm-stadt.de/media/arbeitskreis_luftverkehr/downloads_6/kolloquien/17kolloquium/einzelbeitraege/Beitrag_Panahi_Eichinger_Stumpf.pdf, zuletzt geprüft am 10.03.2012.

TU Darmstadt (2008): 16. Kolloquium Luftverkehr der TU Darmstadt. Darmstadt.

Universität Trier/ Econ-Consult/ EHI/ ISG (Hg.) (2005): Shoppingtourismus im internationalen Vergleich. Wachstumsimpulse für Tourismus und Einzelhandel in Deutschland. Köln. Online verfügbar unter http://www.isg-institut.de/download/Shoppingtourismus.pdf, zuletzt geprüft am 14.04.2012.

Verdi (2007): Synopse der Ladenöffnungsgesetze in den Bundesländern.

Vill, Walter: Liberalisierung aus Flughafensicht. Erfahrungen und Konsequenzen. In: 3. Seminar über die Zukunft der Flughäfen - Auf der Suche nach neuen Konzeptionen -, S. 70–94.

Vojdovic, Katja (2008): Airport Concessions. In: ECONOMIC THOUGHT AND PRACTICE (Periodical of the University of Dubrovnik) 17 (1), S. 95–104, zuletzt geprüft am 26.02.2012.

Warschun, Mirko (2007): Verkehrsknotenpunkte - Handelsstandorte der Zukunft. Berlin.

Wiederhold, Lars (2012): Spitzenmiete auf der Zeil um 7% gestiegen. In: Immobilien Zeitung, 09.02.2012 (6), S. 20. Online verfügbar unter http://www.immobilien-zeitung.de/114018/spitzenmiete-auf-zeil-um-7-gestiegen, zuletzt geprüft am 10.04.2012.

Zock, Alexander/ Cronrath, Eva (2008): Aktuelle Trends und Entwicklungen im europäischen Luftverkehr. In: 16. Kolloquium Luftverkehr der TU Darmstadt. Darmstadt, S. 40–72. Online verfügbar unter http://www.akl.tu-darmstadt.de/media/arbeitskreis_luftverkehr/downloads_6/kolloquien/16kolloquium/03_zock.pdf.

Übersicht der IATA Abkürzungen, Betreibergesellschaften und Homepages der deutschen internationalen Verkehrsflughäfen:

IATA-Code	Betreibergesellschaft	Homepage
BER/ TXL/ SXF	Flughafen Berlin- Schönefeld GmbH	www.berlin-airport.de
BRE	Flughafen Bremen GmbH	www.airport-bremen.de
CGN	Flughafen Köln/Bonn GmbH	www.koeln-bonn-airport.de
DRS	Flughafen Dresden GmbH	www.dresden-airport.de
DUS	Flughafen Düsseldorf GmbH	www.duesseldorf-international.de
ERF	Flughafen Erfurt GmbH	www.flughafen-erfurt-weimar.de
FMO	FMO Flughafen Münster/ Osnabrück GmbH	www.flughafen-fmo.de
FRA	Fraport AG	www.frankfurt-airport.de
HAJ	Flughafen Hannover- Langen-hagen GmbH	www.hannover-airport.de
HAM	Flughafen Hamburg GmbH	www.hamburg-airport.de
LEJ	Flughafen Leipzig/Halle GmbH	www.leipzig-halle-airport.de
MUC	Flughafen München GmbH	www.munich-airport.de
NUE	Flughafen Nürnberg GmbH	www.airport-nuernberg.de
SCN	Flughafen Saarbrücken GmbH	www.flughafen-saarbruecken.de
STR	Flughafen Stuttgart GmbH	www.flughafen-stuttgart.de